SOMMAIRE

Le positionnement des chercheurs et le programme 9

La commande d'évaluation et sa prise en compte . 11

Questionnements sociologiques 14

Méthodologie 16

Plan du rapport 17

Remerciements 18

Première partie: histoire du projet

Histoire, objectifs et spécificités du programme expérimental 21

I. Aux origines de la pair-aidance 21

I. 1. Les principes du concept de pair-aidant 21

I. 2. Le rôle des expériences étrangères dans l'émergence du projet du CCOMS 24

Conclusion 27

II. Objectifs et histoire du projet 28

II. 1. La naissance et les enjeux 28

II. 2. Les réactions au programme 36

Conclusion 39

Deuxième partie: études et trésultats

Chapitre 1. Les sites et l'insertion des MSP 43

I. L'insertion des MSP aujourd'hui 45

Six configurations interactives couvrent les 29 cas initiaux : 46

II. Quelques variables déterminantes pour

Ce rapport final est suivi par un deuxième tome

d'annexes publié à part.

Il fait suite à deux rapports intermédiaires

plusieurs fois cités dans le texte

Demailly Lise, Dembinski Olivier, Cassan Damien, Soulé Jérémie, Bélart Claire, 2013, *Le programme expérimental desmédiateurs de santé pairs (en santé mentale, Recherche qualitative, Rapport intermédiaire N°1,* Avril (avec la participation de Nadia Garnoussi et Cyril Farnarier) Lille, avril 2013, convention de recherche CLERSE USTL Lille 1/ CCOMS. Multig 112p

Demailly Lise, Dembinski Olivier, Farnarier Cyril, Garnoussi Nadia, Déchamp Le Roux Catherine, 2014 *Activités des médiateurs de santé pairs dans les services psychiatriques et perception de cette activité par les équipes. Rapport intermédiaire N°2,* Janvier 2014 *Convention de recherche CLERSE USTL lille 1 / CCOMS,* multig. 170p

Le dispositif des médiateurs de santé pairs en santé mentale : une innovation controversée

Rapport final de la recherche évaluative qualitative sur le programme expérimental 2012-2014

Lise Demailly, Claire Bélart, Catherine Déchamp Le Roux, Olivier Dembinski, Cyril Farnarier, Nadia Garnoussi, Jérémie Soulé, avec la participation de Damien Cassan

Direction scientifique : Lise Demailly

Lille, Septembre 2014

Convention de recherche CLERSE USTL Lille 1/CCOMS EPSM Lille -Métropole, SEP 09269, octobre 2012

6

l'insertion des MSP 48

II. 1. Le type de structure 49

II. 2. Le type de contrat (temps plein ou temps partiel)..50

II. 3. Le type de management 51

II. 4. Les usagers et les MSP..........................52

II. 5. La vie de l'équipe...................................53

II. 6. L'activité de l'équipe 54

Chapitre 2. Causes et processus de cessation d'emploi des MSP 57

I. Les causes de sorties de programme des MSP 58

I. 1. La crainte ou la réalité de la rechute 59

I. 2. L'insatisfaction face au travail 60

I. 3. Les ratés de l'insertion dans la fonction de MSP 61

II. Une typologie des processus de sortie du programme..62

II. 1. Selon le temps passé à être MSP 62

II. 2. Selon la trajectoire de vie................................65

Conclusion 66

Chapitre 3. Pratiques et activités développées par les MSP... 69

I. Approche typologique par affinité avec des cultures de métier 69

II. Approche quantitative..75

Chapitre 4. Effets du programme sur les MSP et leur rétablissement 81

I. Les dimensions positives de l'entrée dans le programme..84

I. 1. Structuration du rythme de vie 85

I. 2. Autonomisation 85

I. 3. Intégration et reconnaissance professionnelles
.... 86

I. 4. Une activité utile et en accord avec les
éthiques personnelles 87

**II. Les effets négatifs du programme sur le
rétablissement 88**

II. 1. L'incertitude d'une fonction nouvelle 88

II. 2. La dévalorisation et la stigmatisation par les
collègues 89

II. 3. Un manque de reconnaissance
institutionnelle 90

II. 4. Un cadre trop rigide 91

II. 5. Le face à face avec les patients 91

Conclusion 92

**Chapitre 5. Effets de la présence des MSP sur les
équipes soignantes 95**

Communication et enjeux politiques 95

Réactions diverses des équipes 96

**I. Effets sur l'organisation, le fonctionnement et
l'activité des services 98**

I. 1. Une gestion du programme et un encadrement
chronophage 98

I. 2. Un certain malaise à gérer 99

I. 3. Des incertitudes à prendre en compte 99

I. 4. Avoir de nouveaux collègues aux emplois du
temps flexibles 100

II. Effets sur les représentations 102

II. 1. Susciter le débat 103

II. 2. Partition soignant/soigné, médical/social 104

II. 3. La posture de soignant 105

II. 4. Représentation de la maladie et du soin (effet rare) 106

Conclusion 107

Chapitre 6. Les rencontres MSP/usagers : formes, styles, effets 109

I. Introduction : méthodologie et objet 109

II. Les déterminants de la rencontre et leur cadre commun 112

III. Effet sur les représentations de la maladie et du soin 115

IV. Les effets thérapeutiques vus par les usagers 118

V. Les impasses ou les limites des rencontres 120

Conclusion : rétablissement et apport..................120

spécifique des MSP..121

Troisième partie: évaluation et préconisations

Suggestions pour l'avenir 125

I. Quel cadre général pour la lutte contre la stigmatisation des malades ?....................................128

II. Quelle formation initiale pour les MSP ?.........130

III. Quel cadrage institutionnel de la pratique ?..133

IV. Quel recrutement des sites hospitaliers ? 142

V. Quel recrutement des MSP ?.............................144

VI. Quelles formations continues et supervisions ? 147

VII. Suggestions aux financeurs potentiels d'opérations de recherche..150

VIII. Suggestions au groupe des MSP 152

Conclusion de la partie évaluation/ suggestions .153

Introduction

Le positionnement des chercheurs et le programme

Disons en quelques mots en quoi consiste le programme analysé dans le présent rapport. Il s'agit de l'embauche, sur CDD renouvelables, d'(ex –) usagers de la psychiatrie, de personnes « *ayant eu ou ayant encore des troubles psychiques, rétablis ou en voie de rétablissement* » (suivant les termes officiels du programme), au nombre initial de 29, dans des services de psychiatrie publique, après qu'elles aient été stagiaires un an et qu'elles aient suivi parallèlement une formation de huit semaines (un DU de médiateur de santé pair à Paris VIII). Le programme a été financé, pour ce qui en est de la formation, par la Caisse Nationale de Solidarité pour l'Autonomie et les quinze établissements hospitaliers concernés, pour les emplois, par trois Agences Régionales de Santé (Île de France, Nord Pas de Calais et Provence-Alpes-Côte-D'azur) et, pour ce qui est de la recherche évaluative qualitative, par la Direction générale de la santé. Le programme, selon ses promoteurs, devait en principe, après la phase expérimentale, être étendu par vagues successives à d'autres régions voire généralisé.

Les MSP sont actuellement embauchés dans les hôpitaux sur statut d'« adjoint administratif » (catégorie C de la fonction publique). Le programme expérimental est dirigé par le CCOMS (Centre collaborateur OMS France pour la santé mentale), qui a pour objectif, au delà de la création d'une nouvelle profession, la transformation des pratiques et des représentations des équipes de psychiatrie publique[1]. Pour en savoir plus sur le programme, il est conseillé au lecteur de lire la présentation de celui-ci sur le site web du CCOMS[2].

L'équipe signataire du rapport appartient pour l'essentiel au Clersé (CNRS/ Université Lille 1), qui a un certain passé de travaux scientifiques sur les politiques et pratiques de santé mentale. On peut ainsi citer un contrat avec la MIRE, une participation au contrat européen Knowledge and Policy qui a donné lieu à deux ouvrages et à la direction des numéros spécial des revues *Sociologie santé* et *Sciences de la société*, une recherche sur les

---

[1] « Son objectif va au delà de la simple introduction d'un nouveau métier dans la panoplie des professions déjà existantes dans le domaine de la santé et notamment dans la santé mentale. Il entraîne nécessairement des changements de perspective dans le système entier d'organisation des soin (...). Dans une logique systémique, l'arrivée de cette petite patrouille de MSP remet en cause la perspective objectivante du modèle médical, platement adopté dans le domaine de la santé mentale». (Massimo Massili, Psychiatre, Chargé de mission CCOMS sur ce programme).

[2] http://www.ccomssantementalelillefrance.org/

équipes mobiles de psychiatrie[3] Olivier Dembinski (IRTES-RECITS) a travaillé sur les nouveaux dispositifs de gestion en psychiatrie, Nadia Garnoussi sur l'évolution des psychothérapies, Cyril Farnarier a réalisé plusieurs études pour l'ARS de la Région PACA, Catherine Déchamp-Le Roux a travaillé sur l'expertise du patient dans le cadre de maladies chroniques et sur les politiques de prévention en santé dans une perspective comparée.

Par ailleurs, Lise Demailly disposait d'une expérience pratique en matière d'implémentation d'innovation institutionnelle ou de pratique d'évaluation que ce soit sous forme de recherche action, de recherche participative ou d'évaluation externe non participative.

Il s'agit ici d'un dispositif d'évaluation externe, même si la présentation orale et la mise à disposition des deux rapports intermédiaires au CCOMS, aux équipes de site et aux MSP eux mêmes, ont pu lui donner un certain caractère partenarial, qui fut favorablement apprécié.

La commande d'évaluation et sa prise en compte

L'évaluation qualitative du programme expérimental MSP a été construite en référence aux

---

[3] Pour les références, voir le site du Clersé: http://clerse.univ-lille1.fr/ et du CERIES http://gracc.recherche.univ-lille3.fr/

objectifs qui avaient motivé l'action du réseau promoteur (CCOMS et trois ARS) au départ de l'opération :

- effets de l'intervention des MSP sur le processus de rétablissement des usagers des services de psychiatrie publique

- effets sur le rétablissement des MSP eux-mêmes

- effets sur les équipes dans lesquelles les MSP sont insérés, en terme de modification des représentations des soignants, de leur orientation vers la psychiatrie sociale et communautaire, le soin dans la cité et le rétablissement

- effets de dynamisation du système de psychiatrie publique dans son ensemble (dans le même sens qu'au point précédent) par le biais de la création d'une nouvelle profession de santé.

Nous avons pu réaliser :

1.   Une évaluation de faisabilité qui constituait en quelque sorte un préalable par rapport aux objectifs du CCOMS. Était-il possible d'insérer en tant que professionnels des anciens malades dans des équipes de psychiatrie publique ? Quelle pouvait être leur insertion professionnelle ? Cette dernière évaluation est valide à un instant T car cette insertion n'a pas cessé de bouger depuis le début de l'expérimentation, à la fois collectivement et pour chaque personne et il est probable qu'elle continuera à le faire.

2.   Une évaluation de l'effet sur le rétablissement des MSP eux mêmes

3.   Une évaluation des effets sur les équipes en terme de modification des représentations.

4.   Une description des rencontres MSP/patients. L'évaluation du rétablissement objectif des usagers n'était pas accessible dans la temporalité de la recherche, ni dans le cadre du budget consenti. Nous avons pu recueillir en revanche les représentations des usagers quant aux MSP et à l'aide qu'ils leur apportent, parfois de manière différentielle par rapport aux autres soignants. Et, parallèlement, recueillir l'avis (subjectif donc) des MSP quant au rétablissement des patients qu'ils suivent.

L'évaluation des effets sur le système de soins relève d'une autre temporalité de recherche. Cet objectif du CCOMS ne peut donc être actuellement évalué. Ayant suivi la quasi totalité du processus[4] et repéré un certain nombre de dysfonctionnements, nous sommes en mesure, en cas de renouvellement du programme dans le cadre de nouvelles ARS (renouvellement que n'interdit pas notre évaluation qui constate une certaine faisabilité du projet et un certain nombre d'effets positifs), d'écrire des préconisations sur la forme institutionnelle de cet éventuel renouvellement, les modalités souhaitables de recrutement des sites et des personnes, un processus amélioré de formation et de formation continue. Rappelons -ce qui va sans dire - que cette

---

[4] Malheureusement à partir d'octobre 2012 seulement.

14

évaluation n'est pas celle des acteurs, qu'ils soient centraux ou non, notamment pas celle du réseau-promoteur, mais celle d'un processus social multi-acteurs, dans lequel des controverses, des alliances, des effets non prévus se jouent. L'évaluation étudie les effets sociaux de l'innovation engagée, par rapport à une mise en œuvre concrète à responsabilités partagées, qui n'est pas forcément celle que tel ou tel acteur aurait souhaité, qui peut être même n'aurait pas pu être inventée autrement qu'elle ne l'a été au vu de circonstances qui impliquent la société française dans son ensemble. L'évaluation prend en compte le processus qui a eu lieu effectivement, car ce n'est que par rapport à l'effectif que peut se situer une évaluation externe.

Questionnements sociologiques

Notre travail relevant de la recherche sociologique scientifique, les enquêtes se sont attachées également à repérer les effets non prévus du programme expérimental - c'est l'un des avantages de la recherche qualitative dont le regard n'est pas focalisé a priori sur des objets standardisables et étroits - ainsi que les effets que l'on pourrait juger négatifs, que ce soit par rapport aux objectifs du réseau promoteur (résultats non atteints, effets pervers) ou par rapport à d'autres valeurs de l'action publique (qui seraient le cas échéant explicitées) avec lesquelles il entrerait en contradiction.

Enfin, d'autres objets de recherche non liés de

manière directe à la demande d'évaluation, mais importants pour l'analyse du programme, ont pu être partiellement explorés dès lors que leur intérêt paraissait contribuer à la compréhension des enjeux sociaux et à la lucidité des acteurs engagés dans le processus :

- les choix de démarche en matière d'impulsion du changement social[5].[6]

- la professionnalisation du groupe des MSP[7]

---

[5] Cf. sur la question des démarche d'impulsion du changement : Michel Crozier, 1979, *On ne change pas la société par décret*, Paris, Fayard et Claude Giraud, 1987, *Bureaucratie et Changement*, Paris, L'Harmattan.

[6] Il s'est agi d'une expérimentation pilotée centralement. Ce type de démarche fréquent en France (par exemple, en éducation, la création des Instituts universitaires de formation des maîtres, après trois IUFM expérimentaux à Lille, Reims et Grenoble), peut être opposé à trois autres formes d'action publique possibles :

- le changement impulsé et mis en œuvre au volontariat dans un cadre incitatif

- le changement décrété (ex: des lois, des circulaires)

- l'innovation locale (ex: MARSS à Marseille, le SIIC au secteur 59G21).

[7] La création d'un groupe professionnel des MSP, même si elle en est pensée comme un moyen utile, n'est pas indispensable à la réalisation des objectifs ; il suffit, sur ce plan là, qu'il y ait maintien et développement des emplois. On pourrait même imaginer qu'un nouveau groupe professionnel se créé, sans que les quatre objectifs centraux du réseau promoteur soient atteints

- les savoirs d'expérience des médiateurs
- les styles relationnels des médiateurs.

Méthodologie

La méthodologie d'ensemble de la recherche est socio-anthropologique, qualitative. Elle se distingue des études qui s'appuient essentiellement sur des entretiens. Elle repose sur l'observation *in situ* comme méthode principale, auxquels s'ajoutent de nombreux entretiens semi directifs, le plus souvent enregistrés et ayant donné lieu à transcription pour analyse. Les outils standardisés d'enquête ont été fournis dans les rapports intermédiaires et les derniers seront donnés dans le volume d'annexes. La diversité des techniques d'investigation permet d'échapper aux biais d'une méthodologie qui ne reposerait que sur le recueil de discours ou de représentations, alors même que l'on sait qu'il y a souvent un écart important entre le dire en situation d'enquête et le faire ou l'être.

Au moment de l'écriture, les problèmes de gestion de l'anonymat ont été délicats. Nous avons navigué entre deux écueils : faire un travail descriptif précis mais s'exposer à ce que les situations et les personnes soient identifiables, ne rester que dans des affirmations de généralités sans preuve et du coup ne pas faire notre travail de

---

(cf. rapport intermédiaire n°1).

sociologues. Nous pensons avoir tenu l'équilibre, au prix de certaines euphémisations d'une part, de certains brouillages volontaires d'autre part (par exemple sur le genre des personnes). Nul doute cependant que tout bon connaisseur des terrains évoqués les identifiera. Nous demandons donc à ces connaisseurs et aux personnes qui se reconnaîtraient de ne pas lever les anonymats.

Il est intéressant que ce type de travail de recherche pose explicitement des questions d'éthique, les chercheurs se trouvant au croisement de divers impératifs : leur métier, qui implique de viser la construction d'un savoir le plus objectif possible (avec un point de vue plus large que l'objet concret, décalé par rapport aux représentations communes, sans auto ou hétéro censure, et avec un effort de réduction pertinente par rapport à l'infinie diversité du réel), la responsabilité politique et citoyenne, la responsabilité interpersonnelle.

Plan du rapport

Première partie : Histoire, objectifs et spécificités du programme

Deuxième partie : Descriptions et résultats

I- Les sites et les modèles d'insertions

II- Causes et processus des sorties de l'emploi MSP

III- Pratiques et activités développées par les MSP

V- Effets sur les équipes

VII- Les rencontres entre MSP et usagers

Troisième partie : Suggestions pour l'avenir

Un deuxième tome d'annexes complète le rapport final. Il permettra l'accès détaillé à certaines données empiriques (extraits d'observations ou d'entretiens) ou à es réflexions complémentaires.

Remerciements

Nous remercions vivement et chaleureusement les MSP qui nous ont longuement parlé, les discussions avec eux ont toujours été passionnantes, l'observation de leur travail également. Nous remercions aussi tous les professionnels qui nous ont accueillis et qui ont répondu à nos questions, les usagers qui ont accepté de participer à l'enquête, et enfin le CCOMS qui a facilité notre travail.

PREMIERE PARTIE
PRESENTATION DU PROJET

Histoire, objectifs et spécificités du programme expérimental

I. Aux origines de la pair-aidance

I. 1. Les principes du concept de pair-aidant

Le concept de pair-aidant, dans le domaine de la santé, a émergé dans les pays ayant une tradition de *self-care* (ensemble des soins non dispensés par les professionnels de la santé) et de *self-health* (style de vie adopté pour préserver la santé)[8]. Les groupes de soutien et d'entre-aide (*self-help*) en santé se sont développés avec les associations de malades sur le modèle des alcooliques anonymes dès 1930. Ces pays sont majoritairement de tradition protestante[9] valorisant l'autonomie et la responsabilité de l'individu. Le mouvement d'émancipation du patient s'inscrit dans une

---

[8] Pour plus de détail, cf. rapport intermédiaire n°2.

[9] S. Fainzang, 2001, *Médicaments et société. Le patient, le médecin et l'ordonnance*, Paris, PUF. C. Déchamp-Le Roux, G. Lozachmeur, M. Saki, 2010, « Approche comparative des discours et des politiques de prévention en santé », *in* H. Ronmeyer (dir.), *La santé dans l'espace public*, 2010, Rennes, EHESP, 15-58.

mobilisation sociale plus générale de lutte contre toute forme de discrimination et de revendication pour les droits sociaux et civiques. Le mouvement féministe, les écologistes, les professionnels de santé publique et les usagers de la santé ont encouragé cette philosophie du *self-care* qui responsabilise le citoyen. Ce courant, important entre 1970 et 1985, soutient que les individus et les collectivités ont la capacité de prendre en charge leur corps et leur santé et a favorisé l'émancipation - ou *empowerment* - du patient, touché par une maladie chronique, dans tous les pays industrialisés. La mobilisation sociale des « survivants de la psychiatrie » qui regroupent des patients ayant une expérience coercitive des hôpitaux psychiatriques aux États-Unis est à l'origine, en 1970, du Front de libération des malades mentaux (Mental Patients Liberation Front). Judi Chamberlin[10] est l'une des activistes les plus célèbres pour ses actions dans le domaine de la pair-aidance et des droits des patients en santé mentale. Les premières pratiques d'intégration de pairs-aidants ont ainsi été réalisées aux États-Unis. Ces premières expériences sont peu documentées et dans le contexte nord-américain, il y a une multitude de centres thérapeutiques privés, caritatifs et publics qui rend la comparaison difficile. Les pairs-aidants (*Peer*

---

[10] J. Chamberlin, 1978, *On our Own : Patients controlled alternatives to the mental health system*, New York, Hawthorne.

Support Worker) ont été intégrés dans les centres de santé mentale pour contribuer à l'offre de services « orientés vers le rétablissement » (traduction québécoise de *recovery,* reprise en France du concept utilisé pour qualifier une amélioration et une stabilisation de l'état de la santé après l'épreuve de la maladie). Cette pratique institutionnelle est en expansion aux États-Unis, en Australie, en Écosse, en Angleterre, au Québec et aux Pays-Bas.

La France est entrée dans cette expérimentation avec un certain décalage dans le temps. Le programme EMILIA[11] (*Empowerment in Mental Health*) sous l'égide de la commission européenne valorise la figure du pair aidant qui devient un partenaire incontournable du « rétablissement » en santé mentale. Depuis une vingtaine d'années, le concept d'éducation thérapeutique centré sur une délégation des savoirs professionnels, avec une prise en compte de l'expertise du patient[12] sur la gestion quotidienne de sa maladie, donne une nouvelle impulsion à la pair-aidance.

La trilogie qui fonde la pair-aidance est le *self-care,* le *self-health* et la valorisation des acquis expérientiels. On peut définir deux types

---

[11] E. Jouet, S. Favriel, T. Greacen, 2011, « EMILIA: un programme d'empowerment en santé mentale », *La santé de l'homme,* n°413, 26-28.

[12] C. Déchamp-Le Roux, 2004, *Peut-on parler d'expertise du patient ?,* communication présentée au Congrès de l'AFS, Université de Paris 13, 24-27 février 2004.

d'intégration des pairs-aidants professionnels : salarié d'une association ou employé par une structure médico-sociale. L'intégration des pairs-aidants professionnel dans les services de santé mentale est déterminée par plusieurs variables que sont : le système de protection sociale, le système de santé mentale (public/privé, hospitalier/extra-hospitalier), les philosophies thérapeutiques, la mobilisation des associations d'usagers, l'impact de l'OMS et de diverses instances institutionnelles sur les innovations, la division du travail thérapeutique (équipe pluridisciplinaire polyvalente). Le concept de pair-aidance a inspiré de multiples organisations de santé mentale sans qu'il n'y ait de standardisation du statut de médiateur santé pair.

I. 2. Le rôle des expériences étrangères dans l'émergence du projet du CCOMS

Les premières expériences d'intégration de pairs-aidants salariés ont été réalisées au Québec (elles-mêmes inspirées des Etats-Unis avec les équipes précarité de l'Université de Yale) et ont suscité la réflexion du CCOMS. Le plan québécois (2005-2010) propose l'embauche de pairs-aidants dans des équipes de suivi intensifs et de soutien. Le programme, soutenu par le ministère de la santé, propose une formation et un soutien aux pairs et aux équipes qui les embauchent depuis 2008. Une première évaluation en a été réalisée[13] et l'enquête a exploré le point de vue de tous les acteurs. La réussite est conditionnée par la préparation et par l'implantation du pair aidant dans l'équipe. Les pairs-aidants, bien que satisfaits des conditions de travail, déplorent l'absence de statut. Les formes d'intégration dans les équipes varient. Les pratiques désignées comme « orientées vers le rétablissement » mobilisent les pairs-aidants en valorisant le savoir expérientiel et l'empathie. Au bout d'un an, les pairs-aidants font partie intégrante des équipes. Les retombées sont globalement positives pour l'ensemble des acteurs : usagers, équipe et pairs-aidants. Cette intégration est présentée comme une grande innovation qui suscite l'intérêt du CCOMS et avec la FNAPSY un voyage d'étude est organisé. L'équipe française relève des dysfonctionnements en particulier ceux liés au manque de statut du pair-aidant.

Parmi les expériences européennes dont a eu connaissance le CCOMS après la mise en route du programme, il faut citer celle de l'Écosse[14]. L'expérience pilote a été réalisée, à l'échelle d'une

---

[13] H. Provencher, Gagné C., Legris. L, 2012, *L'intégration de pairs aidants dans des équipes de suivi et de soutien dans la communauté : point de vue de divers acteurs*, rapport, Faculté des sciences infirmières de Laval, Québec.

[14] Scottish government social research, 2009, *Delivering for mental health peer support worker.* www.scotland.gov.uk/socialresearch

région, sur 5 sites en 2008 et l'évaluation positive insiste sur l'impact du rôle des pairs aidants sur le système de santé mentale. La pair-aidance offre une unique et complémentaire fonction à l'équipe de santé mentale et renforce l'objectif de rétablissement en raison des compétences liées à l'expérience du pair aidant. Il est signalé que certaines équipes n'acceptent pas la contribution du pair-aidant. La pair-aidance permet d'établir un lien entre « eux et nous » (soignants et patients). Les professionnels peuvent plus facilement percevoir les difficultés rencontrées par les usagers pour progresser vers un rétablissement. Malgré des problèmes liés à la confidentialité et au partage des informations, les pairs aidants ont pu intégrer les équipes pluridisciplinaires et coopérer avec les collègues. Un autre exemple est celui du travail théorique et conceptuel réalisé sur les aptitudes techniques (*skills*) requises pour la pair-aidance[15] dans le cadre du NHS (Royaume-Uni).

Malgré la proximité géographique, les Pays-Bas n'ont pas inspiré le CCOMS qui a découvert, à l'occasion de ce rapport, l'expérience en cours des pairs-aidants. Le cas des Pays-Bas est intéressant en raison du mouvement d'émancipation du patient qui a émergé dans les années 1970. Il a été concrétisé par la mise en place d'une représentation des usagers dans les services de

---

[15] Cheeseman Katie, 2011, *Peer support roles in the mental health workforce-examples of current practice.* http://www.skillsforhealth.org.uk

santé. Depuis, le programme de santé mentale[16] actuel est centré sur le patient, sur la désinstitutionnalisation, avec la création de multiples structures spécialisées pouvant accueillir toutes sortes de patients selon l'âge, la pathologie et la situation et, enfin, sur la prévention. Malgré tout, le nombre de lits psychiatriques reste important[17] (1 pour 1000 habitants). La situation des pairs-aidants aux Pays-Bas est déterminée par le développement des *Flexible Assertive Community Treatment* (160 FACT sur tout le territoire) qui intègrent un pair-aidant dans l'équipe pluridisciplinaire.

Conclusion

Le programme expérimental du CCOMS a puisé dans certaines expériences étrangères en raison d'une philosophie thérapeutique commune centrée sur la désinstitutionnalisation et l'*empowerment*. Cela se manifeste par la participation à certains réseaux de recherche internationaux (liens forts avec le Québec, les États-Unis, le Royaume-Uni et l'Australie) qui contribuent ainsi à faire évoluer les idées et les pratiques. L'évaluation des expériences de pair-aidance professionnelle en Europe et dans

---

[16] Mental Health care in the Netherlands, 2006.

[17] D. P. Ravelli, 2006, "Deinstitutionalisation of mental care in the Netherlands: toward an integrative approach", *Int J Integr Care,6, PMC1480375*.

le monde et leur comparaison, qui excède le cadre du présent contrat de recherche évaluative, reste cependant à faire.

II. Objectifs et histoire du projet

II. 1. La naissance et les enjeux

En France, le ministère de la santé soutient l'implication des patients[18] et des familles dans les services psychiatriques dans la mesure où elle peut contribuer à améliorer l'efficience des prises en charge. Cependant, le contexte national va structurer d'une façon originale cette participation des « pairs ». Essentiellement regroupées au sein de la FNAPSY, les associations d'usagers de la psychiatrie investissent progressivement de nouveaux espaces de représentation et de concertation depuis la fin des années 1990. A ce titre, elles ont contribué à de nombreuses avancées, notamment en ce qui concerne le droit et la place des usagers en psychiatrie, la lutte contre l'exclusion et la stigmatisation des personnes souffrant de troubles psychiques, le soutien aux Groupes d'Entraide Mutuelle. Acteurs de la

---

[18] Plusieurs mesures significatives seront prises au cours des années 2000. Institutionnalisation des GEM en 2005, droit à la santé et au consentement éclairé du patient, participation des usagers au fonctionnement du système de santé, promotion de la démocratie sanitaire, etc.

psychiatrie, elles se sont engagées dans un travail de « coproduction du soin » (avec les familles, les usagers et les professionnels) ou dans la création d'un réseau de ressources alternatives en santé mentale[19]. Dès lors, ce sont surtout les professionnels de la santé qui vont se saisir de ce concept notamment en intégrant des usagers en tant que pairs dans des recherches-actions (EMILIA, Un chez soi d'abord). Le programme inter-régional « médiateurs de santé-pairs » du CCOMS s'inscrit dans ce cadre.

Il s'appuie sur les résultats d'une première recherche débutée en 2006 sur le thème de l'engagement associatif et de la résilience. Elle est réalisée par une équipe mixte (usagers/professionnels) dirigée par un médecin de psychiatrie communautaire chargé de mission au CCOMS. Elle a pour terrain la création de trois GEM et servira de point d'appui à une investigation plus large sur le concept de pair-aidance (revues de littérature, rencontres, visites d'expériences pilotes, concertations, etc.). C'est à l'issue d'un travail de quatre ans mené conjointement par cette équipe (CCOMS, FNAPSY, usagers, professionnels du champ de la santé) que le programme national médiateur de santé-pair est né. Il s'inspire conjointement des travailleurs pairs étrangers et du concept de pair-

---

[19] La FNAPSY souhaiterait développer le concept de « personne de confiance » recrutée au sein des GEM puis formée à l'accompagnement.

aidance. Il a été financé par la Caisse Nationale de Solidarité pour l'Autonomie (CNSA) à la condition que les associations d'usagers participent directement à sa mise en œuvre et que le programme ait une portée nationale.

Dès lors, la possibilité de mettre en place une innovation locale s'efface au profit d'un programme ambitieux réparti sur plusieurs régions, établissements, secteurs, équipes susceptibles de s'engager dans une expérimentation nationale. Ce choix aura des implications fortes sur le pilotage et la mise en œuvre du programme. D'un certain point de vue, il y a quelque chose d'antinomique entre la mise en place d'une expérimentation nationale, qui implique nécessairement un minimum de normalisation (des modalités pratiques et des attentes en termes de résultats) et la souplesse, l'adaptation nécessaires à une expérimentation qui se propose de faire émerger une nouvelle professionnalité, voire de changer les pratiques et « la culture des soins »[20] des équipes soignantes.

La mise en œuvre du programme a été réalisée par une équipe mixte de chargés de missions au CCOMS (professionnels de la santé et usagers), inspirée par l'expérience québécoise (stages et visites en octobre 2008 et novembre 2010 à

---

[20] D. Gélinas (2006), « L'embauche d'usagers à titre de pourvoyeurs de service de santé mentale », *Le partenaire*, 14 (1) 9-42.

l'Association Québécoise pour la Réadaptation Psychosociale). A l'issue des différents comités de pilotages et des rencontres, elle va élaborer un programme de formations et d'embauches des médiateurs adapté au contexte culturel et sanitaire français. L'essentiel de leur travail se concentrera autour du recrutement, de la formation des médiateurs-pairs et de l'accompagnement de cette expérimentation. C'est au cours de cette période qu'un certain nombre de choix marqueront définitivement cette expérimentation. Afin de ne pas rencontrer les mêmes difficultés d'intégration et d'employabilité que celles rencontrées par les pairs-aidants au Québec, l'équipe va faire le choix d'associer emploi et formation et d'intégrer les médiateurs dans les équipes soignantes. D'un certain point de vue, le programme propose aux équipes soignantes d' « essayer les médiateurs » sur une durée donnée[21] afin de démontrer qu'il est possible de travailler après une maladie et de pouvoir analyser les effets de leurs interventions sur les usagers et les pratiques des professionnels. Pour cela, il doit éviter le bricolage statutaire qui caractérise certains de ces projets expérimentaux, d'autant que les candidats ont des niveaux d'étude, de formation initiale et d'expérience professionnelle très variés. L'objectif étant la

---

[21] Au départ pour la durée de l'expérimentation (24 mois, étendu à 30 en cours de route). Par la suite, les ARS ont accepté de pérenniser les emplois des MSP dans les établissements ayant participé au programme.

création d'un nouveau métier et l'obtention d'un statut, les promoteurs vont élaborer une formation universitaire permettant aux DRH de les recruter en Contrats à Durée Déterminée en tant qu'agent administratif de la fonction publique hospitalière[22]. Dès lors, l'intégration des médiateurs passera par la professionnalisation. Le terme de médiateur de santé-pairs (MSP) découle directement de cet objectif dans la mesure où, selon le CCOMS, il convertit le pair-aidant en un professionnel de santé intégré dans les équipes pluridisciplinaires des services de psychiatrie et d'insertion sociale. De fait, ces médiateurs ne doivent pas être perçus comme des représentants des usagers ou des travailleurs indépendants mais bien comme des professionnels de santé intégrés aux unités de soins pour lesquels ils travaillent.

Comme d'autres avant lui (éducateurs, artistes, animateurs, travailleurs sociaux, etc.), le MSP est censé compléter l'offre de service dans les équipes de santé mentale. Il se distingue des autres professionnels par sa spécificité qui relève de son expérience personnelle mais il est aussi comme les autres puisqu'il a été recruté, formé, diplômé avant de devenir un intervenant d'une équipe pluridisciplinaire. Enfin, cette professionnalité est aussi présentée comme une garantie contre les conflits d'intérêt (entre représentants des usagers

---

[22] À leur recrutement, les MSP sont tous catégorie C de la fonction publique hospitalière en CDD ; cependant leur fonction n'est pas inscrite sur leur feuille de paye.

et professionnels).

Ce choix a eu des incidences sur la mise en place et le déroulement du programme (notamment en termes de contraintes administratives, financières, de pilotage, etc.) mais il a permis surtout à l'expérimentation de se mettre en place et aux MSP d'avoir un emploi dont le financement est actuellement durablement garanti par les ARS des trois régions participantes (Nord Pas de Calais, Île de France, Provence Alpes Côtes d'Azur). En contrepartie, cette intégration va contribuer à « cadrer » l'activité des MSP selon les normes des équipes soignantes. Elle contractualise aussi le fait que l'on peut travailler après une maladie. Le choix d'une formation de type universitaire découle d'une volonté de professionnaliser la fonction de MSP selon le modèle soignant (formation, stage d'immersion, travail en binôme, intervention sur prescription médicale, « rôle propre » basé sur un type de travail de relation faisant appel à l'expérience, légitimation par une qualification). Pour cela, l'équipe de pilotage s'est tournée vers l'Université Paris VIII qui dispose d'une expérience dans le cadre de la formation des médiateurs de santé. Ensemble ils ont composé un programme de formation en alternance (stage d'immersion et semaines de cours) avec des formateurs usagers et professionnels. Le programme de formation des MSP mis en oeuvre par l'université de Paris 8 était organisé autour de 6 modules (l'organisation du système sanitaire, social et médico-social, les troubles psychiques et leurs traitements, les pathologies somatiques et médiation, accompagnement, accès aux soins et médiation en santé mentale : expériences nationales et internationales, droit et responsabilités, méthodologie et mises en pratiques) répartis sur 8 semaines, dont 240h de cours théoriques. (cf. le rapport intermédiaire n°1 avril 2013). A l'issue de cette formation et de la soutenance d'un mémoire, les MSP ont validé un Diplôme d'Études Supérieures d'Université. Enfin, cette formation a eu aussi pour objectif d'élaborer collectivement un corpus de savoirs spécifiques susceptible de poser les bases de cette nouvelle professionnalité.

Le recrutement des sites est en partie lié à l'intérêt des ARS qui ont relayé l'appel à candidature du CCOMS. Financeurs et partenaires du programme, elles ne sont pas toutes également sensibles à l'intégration des médiateurs-pairs auprès des professionnels de santé et à la thématique du rétablissement en psychiatrie. Ainsi, sur les trois agences qui ont accepté, deux étaient déjà engagées dans des recherches actions faisant appel à des usagers-pairs. La sélection des 15 sites[23] devant accueillir les binômes de médiateurs a suivi une procédure relativement identique (sélection des dossiers par l'équipe du CCOMS, visites sur place afin d'évaluer l'intérêt de l'établissement et

---

[23] De philosophies cliniques diverses : éclectique, systémique, comportementaliste, psychanalytique, biomédicale...

des équipes pour l'expérimentation, jury composé de représentants de l'ARS, de la FNAPSY et des chargés de mission CCOMS). Mais le nombre relativement faible de candidats est intervenu pour contraindre ce choix[24]. Enfin, l'engagement des directions d'établissements, de l'encadrement (médical et soignant) n'a pas toujours été constant tout au long de cette expérimentation. De fait, l'expérimentation a été souvent vécue comme une démarche venant « d'en haut », mal acceptée par les équipes en dépit du travail de traduction parfois mis en place par l'encadrement de proximité. Au final, rares sont les établissements où un « réseau d'acteurs » capable de porter localement l'expérimentation a émergé.

Comme pour les établissements, le recrutement des MSP stagiaires devait répondre à des critères de sélection spécifiques définis par l'équipe de pilotage. Un certain nombre d'entre eux était inspiré des expériences étrangères (avoir été usager de la psychiatrie, ne pas être ou avoir été usager dans le service d'accueil, etc.) mais tous les usagers ou ex-usagers souhaitant une formation qualifiante en cours d'emploi pouvaient postuler. A travers cette procédure de recrutement, les promoteurs souhaitent surtout avoir recours aux règles de droit commun et éviter les conflits d'intérêts (entre représentants des usagers et professionnels). Au final, le jury (composé de

---

[24] Moins de 30 sites répondant aux critères de sélection ont répondu à l'appel des ARS.

membres de l'ARS, du CCOMS, de l'université Paris VIII et de la Fnapsy) a donc sélectionné les candidats susceptibles de suivre la formation plutôt que de chercher à évaluer leur « niveau de rétablissement » ou leur « capacité à exercer une activité » qui n'était pas encore définie. A l'issue de cette présélection ce sont les établissements (DRH, chef de Pôle, cadre de santé) qui ont choisi les stagiaires et leur affectation. Dans ce processus, le CCOMS n'a pas souhaité s'engager plus.

II. 2. Les réactions au programme

Acteur principal de ce projet, le CCOMS ne pouvait en assumer seul la mise en œuvre. Durant deux années (2008-2010) l'équipe a donc recherché des partenaires et un financement. Le CNSA, les trois ARS, l'université Paris VIII, la FNAPSY, puis les 12 établissements sélectionnés ont donc progressivement rejoint l'expérimentation. Ensemble, ils ont contribué à faire exister ce programme et par conséquent à le soutenir. Au cours de cette phase d'élaboration, ce projet n'a pas suscité de réactions spécifiques de la part des professionnels de la santé, des usagers et de leurs associations. Quelques psychiatres proches de la psychiatrie communautaire ont même soutenu le projet notamment pour son impact en termes de déstigmatisation, d'*empowerment*, de résilience, de participation des usagers, etc. D'une façon générale, la faible publicisation de ces projets au sein des professionnels explique en grande partie l'absence de réactions.

Ce n'est qu'au moment de sa mise en place que les réactions se sont faites plus vives, notamment chez les professionnels de la santé. L'orientation interrégionale, le choix de la professionnalisation et de l'intégration dans les équipes soignantes ont cristallisé les inquiétudes et les oppositions[25]. Schématiquement, celles-ci peuvent être regroupées en deux catégories :

–   La crainte de voir les médiateurs et le programme mis à mal. Des professionnels, des associations d'usagers, adhèrent au concept mais pas au projet développé par l'équipe du CCOMS. Les points de frictions portent sur le type de professionnalisation (inspiré des métiers de la santé) et l'intégration des médiateurs de santé pairs dans les équipes soignantes. Pour eux il y a des risques pour les MSP d'être ainsi plongés quotidiennement dans une équipe soignante, celui de mettre à mal son propre rétablissement et de générer des conflits d'intérêts avec les soignants. C'est en grande partie pour ces raisons qu'un acteur indispensable comme la FNAPSY est passé de co-promoteur à partenaire de ce projet (dans les comités de pilotages)

–   La crainte de voir les médiateurs de santé

---

[25] Indépendamment des différences, les projets locaux qui avaient intégré des médiateurs-pairs en France n'avaient pas suscité de réactions spécifiques.

pairs déqualifier le travail des professionnels du soin. Certains psychiatres et professionnels de la santé n'adhèrent pas au concept de pairs aidant professionnels. Surtout, ils y voient un risque pour leur exercice professionnel et la psychiatrie en général. Engagés depuis plusieurs années dans une lutte pour la sauvegarde de la psychiatrie face à plusieurs réformes successives (plan santé mentale, différents projets de lois, réduction de moyens, mise en place de dispositifs de gestion invasifs, pertes de repères identitaires, etc.) ils voient dans le projet les prémices d'une politique de santé mentale qui privilégie l'économie budgétaire simple des coûts de main d'œuvre plutôt qu'une recherche d'efficience. Engagés dans la négociation du plan santé mentale 2011-2015, les syndicats d'infirmiers demandent le retrait du projet. Ils seront appuyés par certains psychiatres pour qui ce projet déqualifie les professionnels, méprise les malades et le secteur.

Durant une brève période, des propos d'une grande violence symbolique ont été tenus notamment sur internet. Ils dénoncent le salaire supposé des MSP (qui serait supérieur à celui des infirmiers débutants[26] dans un contexte de réduction des moyens) et leur intégration dans les équipes soignantes. Si le premier argument peut

---

[26] Les personnes qui ont écrit ces articles ont confondu les expérimentations. Cependant c'est bien cette confusion qui restera dans les esprits des infirmiers, y compris ceux qui ont accueilli les MSP du programme.

s'expliquer aisément par une défense de la profession d'infirmier en psychiatrie, le second dénie la possibilité d'une compétence nourrie par l'expérience[27]. Il traduit l'incorporation de la norme sociale de professionnalisation des métiers de la santé selon laquelle la capacité de dispenser des soins ou d'apporter un soutien ne peut s'acquérir en dehors d'une formation académique. À ces arguments sont venus s'ajouter des discours traduisant des représentations sociales d'incurabilité de la maladie mentale ou des personnes souffrant de troubles psychiatriques encore prégnantes dans la société française. Or, ce sont justement ces représentations que les partisans des soins fondés sur le rétablissement et les promoteurs de ce projet cherchent à transformer.

Conclusion

Les réticences autour du projet ont obligé l'équipe du CCOMS à en préciser certains éléments notamment le statut expérimental du programme, son évaluation, ainsi que le cadre d'intervention des MSP en formation et à l'issue de leur recrutement. Progressivement les questions d'accès au dossier patient, au logiciel de traçabilité de l'activité soignante, d'autonomie (intervention seul

---

[27] Des réticences similaires étaient apparues dans d'autres pays, notamment là où les professionnels perçoivent les médiateurs-pairs comme des concurrents.

ou en binôme), de prescription de l'activité (par un médecin ou non) vont trouver des réponses adaptées aux modes de fonctionnement des équipes d'accueil. A l'issue des deux années de cette expérimentation un cadre plus précis s'est donc mis en place afin d'encadrer l'intervention des MSP. Il a sans aucun doute contribué à lever une partie des réticences des soignants des sites expérimentaux vis-à-vis des 14 ou 15 MSP[28] encore en poste et vis à vis du programme. Le projet n'aurait pu être mis en œuvre dans sa forme actuelle sans le soutien de ces équipes et sans l'aide non plus des financeurs du programme[29].

---

[28] Nous ne le savons pas à ce jour.

[29] Les ARS, en annonçant la pérennisation des emplois de MSP encore en poste à la fin de l'expérimentation, ont joué un rôle important pour que ces derniers ne se démobilisent pas

DEUXIEME PARTIE
ETUDES ET RESULTATS

Chapitre 1. Les sites et l'insertion des MSP

Comme nous l'avons rappelé au début du rapport les difficultés d'intégration et d'employabilité rencontrées par les médiateurs (en France et les pairs-aidants au Québec) ont poussé l'équipe du CCOMS à faire le choix de l'emploi et de l'intégration dans les équipes soignantes. D'un certain point de vue, le programme se propose « d'obliger » les équipes soignantes à « essayer les médiateurs » sur une durée donnée. Ce choix a eu trois conséquences importantes sur l'insertion des médiateurs :

•	Portée localement par l'encadrement[30] (soignant et médical), l'expérimentation a logiquement conduit à une mise à l'épreuve des équipes et des médiateurs.

•	Faiblement impliqués, les professionnels

---

[30] Les cadres de santé font partie des interlocuteurs privilégiés. Ils participent aux comités de pilotage du programme et sont chargés de mettre en œuvre localement l'expérimentation. Ils ont dépensé beaucoup d'énergie afin que cette expérimentation prenne forme et se maintienne dans le service dont ils ont la responsabilité.

ont diversement accueillis les médiateurs[31]. Aujourd'hui, ils considèrent qu'ils font partie de l'équipe même s'ils ne comprennent pas toujours l'intérêt de leur présence dans les équipes.

• Une fois les sites sélectionnés, c'est pourtant au sein de ces collectifs de travail que les MSP devaient s'intégrer, trouver une place et construire leur métier autour d'un nouveau type d'intervention.

Quelques services avaient anticipé la présence des médiateurs dans les équipes. Certains avaient pré-défini un espace d'intervention et construit une fiche de poste avec des activités. D'autres ont considéré que cette arrivée était précipitée. Beaucoup ne savaient pas ce qu'ils allaient et pouvaient leur confier comme tâche. Dans tous les cas, c'est l'encadrement (médical et soignant) parfois soutenu par l'équipe du CCOMS[32], qui a élaboré le cadre d'intervention des médiateurs. De fait, l'expérimentation s'est déclinée au sein de chaque équipe d'accueil produisant des configurations d'insertion différentes. Bien que les situations ne soient pas figées, la plupart sont parvenues à un équilibre relatif entre les attentes des médiateurs, celles de l'encadrement et le contexte spécifique à chaque équipe d'accueil. Progressivement, cela a permis que se développe une forme de collaboration originale entre les

---

[31] Cf. point V de cette partie.

[32] Notamment là où l'intégration des MSP était difficile.

professionnels et les médiateurs y compris là où ils sont marginalisés[33].

I. L'insertion des MSP aujourd'hui

La mise en rapport des études de terrain, ainsi que du travail antérieur sur les sorties du programme (par démission du MSP ou non-renouvellement de son contrat), suggère une typologie des situations des MSP au regard de leur insertion dans les équipes d'accueil. Celle-ci exige un nombre assez élevé de types pour rendre compte des trajectoires d'insertions (qui pourraient même être subdivisées). Cette dispersion du devenir des MSP est en accord avec le fait que la mise en œuvre effective du programme est dépendante, d'une part des personnalités et compétences diverses des MSP, d'autre part des caractéristiques organisationnelles et cliniques des services, lesquelles sont, elles aussi, particulières[34]. Le cas de Dorine, en échec dans un premier site, et réussissant bien son insertion professionnelle comme MSP dans un second, montre que l'ajustement entre la singularité des MSP et les caractéristiques des lieux de travail est d'une part essentielle, d'autre part peu prévisible au démarrage des contrats de travail. Depuis le début du programme 6 médiateurs ont eu une trajectoire

---

[33] Cette marginalisation se traduit par différentes formes de mise au travail des MSP.

[34] Cette diversité est inhérente à la psychiatrie.

similaire faite de ré-affectations. Pour autant, il est ici impossible de prédire si cette intégration sera durable. Ainsi, trois MSP qui étaient parvenus à s'intégrer sont actuellement en difficulté.

Six configurations interactives couvrent les 29 cas initiaux :

–	*Configuration 1* - Le MSP est bien intégré dans l'institution et remplit, à ses propres yeux et au regard de l'équipe, une fonction de MSP plus ou moins développée, avec plus ou moins de travail à accomplir (nous définirons ainsi la fonction : appui sur l'expérience personnelle de la maladie et du rétablissement dans le cadre d'activités dont certaines sont spécifiques au médiateur) : 7 cas.

–	*Configuration 2* - Le MSP bénéficie d'une insertion professionnelle, tout en développant une activité soit dans laquelle il euphémise son passé de malade, soit qui est dépourvue d'espace d'autonomie et d'initiative, soit dans laquelle il est sous-occupé : 7 cas.

–	*Configuration 3* - Le MSP déploie des activités relevant du rôle propre des MSP, mais sa façon de travailler, « trop autonome », et les caractéristiques du site font qu'il est en conflit avec l'institution ou l'équipe. Cette situation de conflit peut ne pas être stable : 1 cas.

–	*Configuration 4* - Le MSP a du mal à remplir de façon convaincante, pour l'équipe, une fonction de MSP et suscite des conflits larvés avec l'institution ou l'équipe (et court le risque à moyen terme d'un contrat de travail non renouvelé ou de devoir opérer un changement de site) : 1 cas.[35]

– *Configuration 5* - le MSP a abandonné le programme dans une trajectoire neutre ou positive de rétablissement et ce indépendamment du rapport positif ou négatif au temps passé dans l'expérimentation : 9 cas.

– *Configuration 6* - Le MSP a quitté le programme sur la base d'un rapport négatif au programme et d'une rechute liée au travail de MSP (soit à cause du rapport aux patients, soit à cause du rapport à l'institution hospitalière) : 4 cas.

Ces configurations restent dynamiques. Plusieurs MSP ont vu leur situation changer, en progression ou en dégradation. Les nombres donnés renvoient à une configuration à un instant T, et évolueront sans doute encore. Cependant, au terme de l'expérimentation, il n'y a que quatre personnes recrutées comme MSP dont on peut dire que l'abandon est dû à une rechute et aussi que le programme a joué, en ce qui les concerne, *contre* le rétablissement personnel. C'est relativement peu en regard de certaines craintes qui s'étaient

---

[35] La configuration 4 (comme la 3) est de fait une configuration de passage vers plus d'intégration ou vers une éviction ou une démission. En l'occurence un MSP a vu son contrat non reconduit tout à la fin du programme. Ce qui fait passer à 0 la configuration 4 et à 10 cas la configuration 5

exprimées lors du lancement du programme.

Sur les 29 MSP de départ, 15 sont en activité au 1er septembre 2014. Parmi eux, 14 sont parvenus à s'insérer dans les services (configurations 1 et 2), ce qui n'est pas négligeable. Après deux années et demi d'expérimentation, la moitié des médiateurs est donc parvenue à trouver une place dans les services, même s'ils ne se sentent pas tous intégrés au même titre que leurs collègues. De fait, l'encadrement reste, encore aujourd'hui, leur interlocuteur privilégié et leur principal soutien dans les services.

Ces configurations montrent aussi que la possibilité de la fonction MSP est si sensible aux singularités des individus et aux spécificités des services, que sa formalisation autour d'un corpus de savoirs et de pratiques semble difficile. Dans ce contexte, parler de « nouveau métier », ou même de « processus d'invention d'un nouveau métier », au lieu des termes plus neutres « nouveaux emplois » ou « nouvelles fonctions », s'est avéré contre-productif en créant, dans les équipes et parfois chez les MSP eux-mêmes l'attente d'une définition des tâches, du même type que celles qui concernent les métiers établis, c'est à dire avec des juridictions, des droits et des devoirs, des référentiels de compétences homogènes d'un établissement à l'autre.

II. Quelques variables déterminantes pour l'insertion des MSP

En faisant le choix de multiplier les sites, le programme expérimental s'est décliné localement dans chaque territoire, établissement, équipe. Cependant, quelques variables semblent discriminantes au regard des configurations d'insertion des médiateurs.

II. 1. Le type de structure

Les médiateurs ont été affectés dans des équipes aux modes de fonctionnement différents. La culture de la mobilité/disponibilité développée dans certains services induit des déplacements (accompagnement individuel, VAD, entretiens) et un type d'interactions de soins spécifique. A contrario, la régularité du déroulement des activités collectives dans un hôpital ou le séquençage des rendez-vous dans certains dispositifs limite la capacité des médiateurs à adapter, diversifier et disséminer leurs prestations.

Lorsqu'ils sont chargés de faire le lien entre l'intérieur et l'extérieur de l'institution et/ou d'améliorer la vie sociale des usagers, les médiateurs complètent l'offre de soin sans bousculer la division du travail soignant préexistante. Qu'elles soient spontanées, déléguées ou prescrites (par le médecin), ces rencontres normalisent leur intervention dès lors qu'elles s'inscrivent dans la philosophie du service. Lorsque cela est possible, la mobilisation des savoirs expérientiels et le travail de médiation prennent sens davantage dans une posture de médiateurs et dans le type de relation développé avec les usagers que dans des activités spécifiques.

De fait, ils sont nombreux à préférer « faire de l'accompagnement », car cette activité offre un espace d'intervention (spatial, temporel et thérapeutique) qui, sans être spécifique, n'en est pas moins légitime au regard des autres intervenants. Surtout, il leur laisse une certaine liberté d'interprétation et d'improvisation contrairement à la co-animation d'activités soignantes dans un service hospitalier.

II. 2. Le type de contrat (temps plein ou temps partiel[36])

Intégrés dans le roulement d'horaire, les médiateurs temps plein se sont vus confier plusieurs activités décomposées en plages horaires. Plus présents, ils font plus de choses et sont aussi plus visibles et disponibles pour les patients. Cette quantité de présence est discriminante au regard de la quantité de travail et de l'intégration à la vie de l'équipe. Un temps plein permet d'être au courant des événements qui rythment la prise en charge des patients et la vie de l'équipe. L'activité des médiateurs à temps partiel se caractérise par un nombre moins important d'activité (1 à 3)

---

[36] Sur les 29 MSP, 10 avaient choisi le temps partiel. 6 sont encore dans le programme..

auxquelles il faut inévitablement ajouter les temps de réunion, de préparation et de saisie de l'activité. De fait, leur capacité à être disponible et à avoir du temps long avec les usagers est moindre. D'une façon générale, le temps partiel choisi permet aux médiateurs d'avoir plus de temps pour eux et ainsi de préserver leur état de santé[37]. Par ailleurs cela bouscule moins l'organisation du travail du service, l'intégration est en quelque sorte plus douce. A contrario, le temps plein implique une planification et un cadrage de l'intervention des MSP plus précis ce qui tend à accentuer la mise à l'épreuve de l'intégration.

II. 3. Le type de management

Pour tous, les médiateurs doivent rencontrer des patients et participer à leur rétablissement avec leurs propres outils/techniques/savoirs. Cependant, les espaces qui leur sont alloués pour faire ces rencontres sont contraints par l'encadrement. Dans la moitié des équipes, les MSP sont intégrés dans des activités thérapeutiques existantes[38]. Ils y interviennent principalement en

---

[37] Beaucoup de médiateurs ont rappelé lors des COPILS qu'ils étaient « des professionnels fragiles ». Une partie d'entre-eux a recours aux arrêts maladies pour compléter ces temps de respiration dont ils estiment avoir besoin.

[38] Ces médiateurs disposent aussi d'un temps de rencontre avec les patients mais leur emplois du temps est majoritairement composé d'activités où ils ne sont

binôme et complètent l'effectif du service. Co-animateurs, ils sont placés sous la tutelle d'autres professionnels. Leur intégration dans les équipes se joue alors plus sur leur capacité à faire leur travail selon les normes sanitaires qui ont à l'hôpital une composante bureaucratique importante. Ailleurs, l'encadrement a fait le choix de leur donner davantage d'autonomie et de responsabilité. Les MSP sont plus libres d'intervenir auprès des patients, suivant les besoins qu'ils pensent identifier. Les autres évoluent davantage en périphérie des activités du service, ce qui peut limiter les possibilités d'être reconnus en tant que professionnels. Pour l'ensemble des sites l'intégration des MSP à l'activité du service est plus facile là où elle a été pensée dès le début par l'encadrement. Cependant, un cadrage trop bureaucratique de l'activité offre peu d'espace aux médiateurs pour qu'ils puissent inventer leur propre modalité/outils d'accompagnement.

II. 4. Les usagers et les MSP

Les services où les médiateurs ont été affectés accueillent des usagers très différents. Certains travaillent avec une population en grande précarité, d'autres avec des usagers hospitalisés,

---

pas seul avec les patients. Ils travaillent donc généralement sous le regard des autres (patients, soignants) ce qui interfère sur l'interaction de soin.

suivis en CMP, au domicile ou en appartement thérapeutique, etc. Cette diversité a des implications fortes sur la prise en charge. Tantôt psycho-sociale, elle est dans d'autres services plus médicale et para-médicale. En faisant reposer une partie de leur travail sur eux-mêmes, les médiateurs doivent s'engager plus que d'autres, dans la relation aux usagers. Pour que cette dynamique interactive s'installe entre le médiateur et les usagers il faut qu'il puisse « se fondre dans le paysage ». Certaines équipes ont fait de cette proximité entre médiateurs et usagers une variable déterminante lors de leur recrutement, d'autres ont pris en compte la pathologie, beaucoup n'avaient pas de critères très précis. Trop éloignés des usagers le médiateur ne parvient pas à poser les bases d'un travail de relation.

II. 5. La vie de l'équipe

L'expérimentation s'est déroulée sur une temporalité longue qui croise celle des services et des équipes. Le turnover dans certaines équipes d'accueil, le remplacement d'un cadre ou d'un médecin favorable au programme par un autre hostile ou indifférent, a remis en cause totalement ou partiellement l'insertion déjà délicate des médiateurs. D'autres se sont retrouvés dans des équipes où les soignants nouvellement arrivés devaient eux aussi « trouver leur place » et « faire leurs preuves ». Dans ces conditions, ils ont mis plus de temps pour se faire connaître, reconnaître et parvenir à élaborer un projet qui leur permette de dire non seulement qui ils sont, mais ce qu'ils font dans le service. A contrario, une équipe stable a permis aux professionnels d'apprendre à connaître le programme et bien souvent de faire progressivement confiance au médiateur, notamment en lui déléguant quelques tâches avant de lui confier plus de responsabilités (accompagnement, préparation d'activité, groupe de parole, suivi individuels, etc.).

II. 6. L'activité de l'équipe

Le taux d'activité de l'équipe a un impact sur la capacité des médiateurs à trouver une place au sein des équipes. Là où le flux est plus tendu, le séquençage des rendez-vous et des activités tend à se décaler laissant des trous, des temps d'attente, des activités non dédiées. Les médiateurs ont alors pu se saisir de ces moments pour aller à la rencontre des usagers ou simplement rendre service aux collègues. A travers ces initiatives ils montrent qu'ils peuvent faire des choses sans pour autant remettre en cause les pratiques et les modes de fonctionnement du service. A contrario, une activité moins soutenue laisse moins d'espace pour les médiateurs dont les initiatives empiètent sur la sphère d'activités des soignants dès lors que la place du médiateur n'a pas été délimitée avant son arrivée.

Compte-tenu de la diversité des contextes professionnels dans lesquels les MSP ont été immergés, il est difficile de prédire si leur intégration sera durable, uniquement liée aux ré-affectations et cadrages de leurs activités ou au processus d'apprentissage et de conversion professionnelle qu'ils vivent depuis le début de cette expérimentation. Dans tous les cas, elle s'est traduite par une mise à l'épreuve des équipes et des médiateurs. Sur les 29 qui s'y sont engagés, 14 sont parvenus à construire avec l'encadrement un espace d'intervention suffisamment stable pour bénéficier d'une reconnaissance de la part de leurs collègues. A l'issue des deux premières années, il semble que les MSP s'intègrent mieux quand ils disposent de compétences relationnelles adaptées aux patients avec lesquels ils doivent travailler ainsi que là où l'encadrement avait anticipé leur participation à l'activité du service et où ils disposent de suffisamment d'autonomie.

Chapitre 2.
Causes et processus de cessation d'emploi des MSP

Sur les 29 médiateurs de santé pairs recrutés dans les trois régions, 14 ne sont plus dans le programme (13 avant la fin de celui-ci, plus 1 dont le contrat n'est pas maintenu juste à la fin du programme). La cessation d'emploi des MSP dans le cours des deux ans du programme expérimental a ainsi été fréquente et cela implique que nous nous intéressions au sens de ces sorties. Plusieurs interrogations guident notre questionnement : quelles sont les justifications mises en avant par les MSP pour expliquer leur sortie du programme lorsqu'elles sont présentées comme volontaires ? Quelle influence ont exercé l'équipe soignante et le secteur dans ce processus ? Quels sont les retours des MSP sur le programme et comment ont-ils géré l'après ? Quelles sont les raisons des non-reconductions de contrat ?

D'un point de vue méthodologique, nous prenons appui sur des entretiens faits avec les MSP après leurs sorties du programme ainsi que sur les entretiens avec les équipes[39]. Ces discussions et entretiens ont été réalisés entre quelques semaines et parfois plusieurs mois après la sortie du programme. Il ressort de ces matériaux d'enquête que les arguments mis en avant pour justifier leurs sorties « volontaires »ou expliquer les évictions du programme sont très proches d'un individu à l'autre et qu'ils oscillent entre trois grandes thématiques souvent juxtaposées :

- La crainte ou la réalité de la rechute

- l'insatisfaction face aux fonctions et activités proposées

- la confrontation aux équipes soignantes et l'émergence de conflits alors que le MSP peine à habiter la fonction ou pense y parvenir.

Nous proposons de détailler ces explications dans la première partie du chapitre. Ensuite, nous proposons une typologie des processus de sortie du programme. Deux facteurs de différenciation interne parmi les cessations d'emploi nous semblent importants : le temps passé à être MSP, et la trajectoire de vie.

I. Les causes de sorties de programme des MSP

En nous basant sur les propos des MSP, nous

---

[39] Une seule personne n'a pas souhaité s'exprimer. Nous avons pu recueillir les propos de son binôme qui a accepté de parler d'elle.

avons mis en évidence les trois grandes causes des sorties du programme, qui peuvent ou non se cumuler pour un même médiateur. Il nous est difficile de chiffrer précisément leur récurrence, notamment parce que les abandons ou évictions sont des processus dynamiques.

I. 1. La crainte ou la réalité de la rechute

Plusieurs MSP font référence à la difficulté de gérer leur rétablissement personnel tout en ayant à travailler dans un établissement de santé mentale.

Pour certains médiateurs, c'est le fait d'être confronté à des personnes en situation de souffrance, ayant des troubles similaires à ceux qu'ils ont eux-mêmes éprouvés qui peut représenter une difficulté.

> *« Le fait de travailler dans un CMP, d'être en contact direct avec les patients… ça l'a un peu remis dans mes problématiques, dans mon problème de base, dans la dépression. Ça m'a fait repartir dans mes questionnements ».*

Pour d'autres, c'est davantage l'environnement de travail qui les renvoie à des moments douloureux de leur existence. Le fait de se rendre quotidiennement à l'hôpital, de passer des journées entières dans les structures de soins, etc. Ainsi, le simple fait de jouer leur rôle d'(ex) usager de la psychiatrie les expose selon eux à un retour de leur pathologie. Enfin, les difficultés que certains MSP ont rencontrées avec leurs équipes d'accueil ont aussi pu causer de nouveaux troubles.

Face à cela, la stratégie bien souvent adoptée consiste à s'éloigner des patients et du programme lui-même.

« J'ai décidé de partir pour... pour me protéger en fait. [...] Je dormais plutôt pas bien, je faisais beaucoup de cauchemars. En fait, je sais pas si c'est le fait de parler avec certains patient, mais du coup, moi, ça me réveillait des choses du passé ».

I. 2. L'insatisfaction face au travail

Plusieurs MSP font référence à leur insatisfaction vis-à-vis des tâches qui leur sont proposées et qui sont fonction de la conception, plus ou moins tâtonnante, que la direction et les équipes se font du métier de MSP. Bien qu'intégrés au sein des équipes d'accueil, les médiateurs décident alors de quitter le programme parce qu'ils n'y retrouvent pas leur compte. Les désaccords concernent le rôle du MSP, l'organisation du travail ou encore l'aspect financier et les perspectives d'évolution.

« Après coup, j'ai fini par comprendre qu'on attendait de nous d'être des animateurs, mais ce n'est pas pour ça qu'on m'a recruté ».

« On fait des accompagnements c'est sympas, mais on peut pas faire que des accompagnements à la caf, chez le dentiste et à la sécu. Moi les salles d'attente je ne vois pas ça comme un avenir professionnel. »

« Depuis le départ, l'avenir du programme est très incertain. Moi, j'ai presque 40 ans, une gamine, un loyer de 1000 euros. [...] Après, médiateur, c'est super, mais les perspectives d'évolution dans le métier, il n'y a rien... Je ne me voyais pas rester comme ça. »

Souvent, la décision de mettre fin au programme coïncide avec une réorientation de la trajectoire professionnelle des médiateurs. Ce qui ressort de leurs discours, c'est le sentiment de ne pas être fait pour ce métier. La fonction de MSP apparaît alors comme une « passerelle », comme une sorte de transition pour mieux se positionner dans une trajectoire professionnelle et être peu à peu capable de trouver sa voie.

« Donc, j'ai arrêté parce que j'avais d'autres projets, d'autres envies. J'ai arrêté pour les mener tout simplement ».

I. 3. Les ratés de l'insertion dans la fonction de MSP

L'intégration des MSP dans les équipes a donné lieu à des discussions, des échanges et des négociations dans la définition des postes et la répartition des tâches au travail. Parfois, les négociations n'ont pas permis d'aboutir à une intégration qui satisfasse les différentes parties en présence. Les médiateurs se sont alors heurtés à l'hostilité des soignants, à la difficulté de trouver leur place et à des journées de travail peu remplies, qui aboutit à une démission ou à une éviction.

Ici, c'est bien le processus de socialisation professionnelle, encore à construire, qui n'a pas fonctionné. Les MSP ont été confrontés à un manque de confiance ou une véritable défiance de la part de l'équipe et leur rôle dans le service n'a pas été suffisamment négocié. Si certains MSP n'auraient pu, quoi qu'il en soit, exercer cette fonction, c'est loin d'être systématique comme en démontre le cas de quatre médiateurs pour qui la situation de travail, délétère dans un premier service, s'est améliorée après qu'ils aient changé de site.

II. Une typologie des processus de sortie du programme

Une typologie des processus de cessation d'emploi peut être constituée dès lors que nous prenons en compte le temps passé à être MSP et la trajectoire de vie.

II. 1. Selon le temps passé à être MSP

Les sorties du programme se sont échelonnées dans le temps.

Les sorties précoces

La plupart des départs de MSP (9) ont eu lieu rapidement (dans les premières semaines ou les premiers mois) et avant que le MSP soit diplômé.

Pour ces personnes, la notion de MSP est restée quelque chose de vague et d'incertain, parce qu'ils ne se sentaient pas en adéquation avec les demandes du métier, ou parce que l'équipe ne leur a pas laissé de place, ils ne sont pas parvenus à donner du sens et à incarner le statut de médiateur. L'initiative de la cessation est diverse. Pour quatre d'entre eux, la sortie est le fait d'une demande unilatérale du médiateur. Ils ont décidé, souvent après un événement marquant de ne pas prolonger l'expérience. Pour plusieurs MSP, le service a tenté de les retenir, notamment en leur proposant de changer de service. Pour trois médiateurs, il s'agit d'une décision conjointe du service et du médiateur. Enfin, pour trois MSP, il s'agit d'une sortie d'autorité. C'est le service qui a décidé de mettre fin ou de ne pas renouveler le contrat alors même que deux de ces médiateurs souhaitaient poursuivre l'expérience. Dans ce cas, les entretiens menés avec les responsables des services mettent en évidence les incompétences du MSP, notamment son incompétence communicationnelle, son rétablissement insuffisant ou son caractère indiscipliné et trop « *freelance* ».

Les sorties tardives

Pour cinq MSP, les sorties sont arrivées plus tardivement et ont lieu après que le médiateur ait été diplômé. Il est possible de considérer que l'équipe comme le médiateur aient essayé de contenir les tensions et la décision de mettre fin à l'expérience. Il nous apparaît aussi que certains de ces professionnels se sont intégrés, tant bien que mal, à l'équipe et qu'ils sont parvenus à attribuer un sens et une réalité au statut de MSP avant que les conflits ne s'aggravent.. Tout cela est largement dépendant du processus d'intégration et de négociation de leur rôle avec l'équipe. Ainsi, certains se sont vus chargés des visites à domicile, de la co-animation d'un groupe de parole. D'autres se sont simplement greffés dans des ateliers déjà pris en charge et animés par des soignants. Mais, pour la plupart, de leur point de vue, ils ont cherché à prendre des initiatives et à se rendre utiles là ou ils pensaient avoir leur place. Ils sont allés dans les services d'hospitalisation à la rencontre des patients avec le souhait de les aider pendant cette épreuve, ou ils se sont investis plus intensément auprès des usagers suivis en ambulatoire en organisant des visites à domicile et en essayent de créer du lien et des échanges entre les patients eux-mêmes. Ils en viennent à se définir comme « médiateur », comme s'ils étaient parvenus à corréler des activités avec ce statut et cette identité.

Progressivement (2 cas) ou très vite (2 cas), ils sont perçus comme en dehors de leur champ d'action et il leur est reproché « d'en faire trop ». On observe ainsi deux visions du monde qui s'affrontent, celle que le médiateur essaie de construire et celle de l'équipe avec la place qu'elle est prête à lui accorder. C'est ensuite souvent un « déclic » qui vient mettre fin à la tentative de conciliation.

« Le déclic, je crois qu'il a eu lieu dans une réunion. […] Donc y a eu des échanges et c'est vrai que j'ai pris la parole, j'ai amené certaines choses parce que je me posais plein de questions. Donc je leur demande "qu'est-ce que vous attendez de nous ? ». Et puis, il s'avère que leur réponse, ben c'est pas des réponses que je comprenais. Je pense qu'on se comprend pas et qu'ils n'ont pas compris. En fait, ce sont des gens qui essaient de formater le médiateur à leur sauce et ils essaient d'amener le médiateur à leur sauce. Ça a bien été dit : "vous êtes payés pour les tâches qu'on vous demande de faire", mais moi à mes yeux, je ne suis pas payée pour les tâches qu'on me demande. Je suis payée pour apporter mon expérience, pour construire quelque chose, pour être médiateur quoi. »

Pour ces quatre MSP, les initiatives de la rupture sont diverses, mais elles sont plutôt le fait des MSP. Dans le dernier cas, apparu le plus tardivement, la non reconduction de contrat est argumentée par le fait que l'équipe ne voit pas ce que le MSP apporte aux usagers.

II. 2. Selon la trajectoire de vie

L'expérience de la création de la fonction de médiateur et la confrontation à la pathologie des usagers des services a eu une incidence sur le processus de rétablissement dans lequel les médiateurs étaient engagés. Sur les 14 MSP étudiés ici, 10 nous semblent dans une position neutre (maintien des troubles sans aggravation) ou positive de rétablissement. 4 MSP ont en revanche quitté l'expérimentation sur la base d'une rechute imputée à la fonction de MSP telle qu'elle a été vécue. En ce qui concerne le rapport au programme des médiateurs, il est corrélé à l'influence de l'expérience de médiateur sur le processus de son propre rétablissement. Pour certains MSP, le programme est perçu comme une étape plus ou moins marquante durant laquelle ils ont tenté à un moment d'intégrer un univers professionnel spécifique sans y parvenir. Mais cette étape n'est pas perçue comme un échec coûteux. Ils n'incriminent pas la formation (comme période) et le programme (dans sa philosophie). Au contraire, le ton employé dans les entretiens est neutre et distancié. Ils ne font pas référence à des regrets et ils semblent être « passés à autre chose » en exerçant des métiers éloignés de la santé mentale, comme naturopathe, assistante administrative ou assistante en milieu scolaire auprès d'enfants en difficulté ou en reprenant des études. En revanche, pour les quatre qui ont connu ou connaissent encore une rechute ou la continuation de leurs troubles la vision du programme est davantage critique.

Conclusion

Les entretiens effectués avec les MSP qui ont quitté le programme ont mis en évidence des difficultés d'insertion dont les causes sont multiples. On retrouve le rapport aux troubles psychiques et la crainte de rechuter, les désaccords sur l'organisation du travail ou le rôle du MSP, ou encore la confrontation aux équipes soignantes et les conflits, tardifs ou non, qui en découlent. Ces facteurs d'abandon ne sont en rien autonomes et donnent à voir les sorties du programme comme un processus dynamique. Surtout, les matériaux d'enquête montrent l'existence de deux phases d'abandon. Quelles que soient les raisons des sorties du programme, elles interviennent de manière précoce ou de manière tardive une fois que le médiateur est parvenu à habiter la fonction. Cela démontre l'existence de problèmes de recrutement et/ou de préparation des équipes accueillantes autant que la capacité du programme à « tenir plus longtemps ». Il nous semble que les rechutes liées au programme sont finalement peu nombreuses. Au contraire, le rôle de l'équipe et du secteur apparaît central. Les processus de sortie ou d'abandon nous semblent construits localement, au sein des services, et les processus d'ajustement entre les personnes en passe de devenir des médiateurs et les professionnels soignants et médicaux sont centraux.

Chapitre 3. Pratiques et activités développées par les MSP

Pour rendre compte des activités développées par les MSP, nous utiliserons deux modes de présentation qui se complètent. Une analyse qualitative, basée sur les observation in situ et les entretiens permet de dégager les lignes de fuite des activités des médiateurs vers celles d'autres professions. Ensuite, un questionnaire auto-renseigné par les MSP, permet, sur la base de données quantifiées, de dégager d'autres éléments de réflexion.

I. Approche typologique par affinité avec des cultures de métier

Les activités des MSP, pour ceux qui parviennent à en développer, sont en partie des tâches qui pourraient aussi être le fait d'autres professions, internes aux équipes de secteur, voire de professions externes. Ce recouvrement partiel est quelque chose de banal chez les métiers de la relation, car sans zone de recouvrement, les organisations ne pourraient pas fonctionner. Elles comprennent aussi des activités exclusives. On peut classer ces activités en les référant aux métiers auxquelles elles sont liées en termes de cultures de métiers. La liste ci dessous n'est pas normative, au sens qu'elle renvoie à des activités réelles que nous avons pu observer, et non pas à un modèle que nous aurions construit ou qui aurait été défini ailleurs. Certaines d'entre elles sont reconnues et légitimées par les institutions, les équipes, le CCOMS, d'autres le sont moins, sont critiquées par elles, ou ne sont pas repérées comme activités en tant que telles.

1- Activités qui rapprochent le MSP d'un travailleur social de milieu ouvert : aider l'usager à faire des démarches administratives, l'aider à résoudre des problèmes administratifs, accompagner le patient dans des activités culturelles en ville ou au GEM, aider le MSP à résoudre des problèmes pratiques divers de vie quotidienne (brancher une télé, se servir d'un distributeur de banque), apaiser les relations entre un usager et son employeur, trouver un stage ou un emploi pour un patient, marauder dans la rue pour amener une personne en souffrance au soin (activité commune à d'autres professions que le travailleur social en milieu ouvert[40].

---

[40] Ces activités ne sont pas spécifiques aux travailleurs sociaux en milieu ouvert mais font partie de leur travail. De fait, certaines activités seront répétées à différents endroits, par exemple « groupe d'entendeurs de voix ». Dans ce cas, c'est avec une philosophie pratique différente. Une même appellation peut

2- Activités qui rapprochent le MSP d'un éducateur spécialisé : interventions socio-éducatives et ré-éducatives, enseignement de techniques comportementales pour lutter contre les addictions, VAD (visites à domicile).

3- Activités qui rapprochent le MSP d'un psychothérapeute : écoute (savoir écouter, se souvenir de l'écoute d'une rencontre à l'autre), travail collectif sur l'image de soi, entretiens individuels, conseils sur l'usage des médicaments[41], groupes de soutien, attention au corps.

Certains médiateurs aident à fixer au quotidien des objectifs tels que soigner son apparence, sortir pour une course, prononcer des phrases positives envers soi-même… Ils peuvent soutenir des relations privilégiées où l'usager pourra se confier plus qu'à l'ordinaire et ressentir les bénéfices d'une autre écoute.

4- Activités qui rapprochent le MSP d'un animateur socioculturel : trouver un atelier photo, moto ou chant pour des usagers, créer à l'extérieur du CMP des activités de loisirs communes pour un

---

renvoyer à un contenu d'activité différent des que diffère le professionnel dont se rapprochent la mise en forme et l'interprétation de l'activité.

[41] L'intervention pour conseiller à un usager de diminuer ses médicaments n'est pas légitime aux yeux des équipes. De même que le conseil de dissimuler un symptôme pour ne pas provoquer une intervention médicale.

groupe d'usagers, organiser des « sorties »[42], (organisées ou improvisées, ludiques, agréables), négocier des places dans des ateliers de loisirs en ville, animer un atelier dans les murs du service en fonction de compétences techniques propres (informatique, nutrition, photo...), mettre en lien avec des associations.

L'une des lignes de fuite de la pratique des médiateurs est celle de l'animation. Cette tendance vers l'animation consiste pour les médiateurs à conduire des activités se rapprochant peu ou prou du divertissement ou de l'apprentissage, au sens large que cela recouvre. L'enjeu sera alors de profiter de cet « informel » organisé pour favoriser des échanges moins contraints que ceux qui s'installent dans les structures de soins. Plusieurs contextes s'y prêtent, accompagnements individuels ou en groupe, activités en structures de jour ou sorties à l'extérieur de l'hôpital. Ceci démontre que, si les pratiques rattachables au champ de l'animation sont parfois déconsidérées car elles sont définies aux marges du soin, elles ouvrent un espace d'intervention privilégié pour

---

[42] Les interventions qui engageraient des crédits ou de la logistique sans que cela ait été au préalable bien négocié dans les projets de service créent des tensions entre cadre et MSP. Celles qui risquent de créer des problèmes avec les assurances ou des problèmes de sécurité ne sont pas légitimes. L'organisation de sorties du MSP avec des usagers, normale dans certains sites, est considérée comme illégitime et posant des problèmes de responsabilité juridique dans d'autres.

les médiateurs car l'animation permet l'autonomie indispensable à l'affirmation de leur spécificité.

5- Activités qui rapprochent le travail du MSP de celui des infirmiers, dans leurs tâches relationnelles, plus ou moins qualifiées : VAD, travail sur la compliance à la médicamentation ou l'alliance thérapeutique, animation d'ateliers thérapeutiques ou cognitifs ou de groupes de parole, groupe d'enseignement ou de discussion sur l'addiction, entretiens individuels, relance des absences non justifiées, et aussi : conversation banale en CATTP ou hôpital de jour, gentillesse, présence, enjouement, animation d'activités occupationnelles.

6- Activités qui rapprochent le MSP d'un médiateur : animation du « forum des usagers » (lieu de discussion entre patients d'un secteur sur la manière d'améliorer le travail du secteur), animation de réunions soignants-soignés (réunions hebdomadaires en intra réunissant les infirmiers et les patients, avec animation par le MSP) ; interventions pour faire connaître et soutenir le point de vue individuel d'un patient sur son traitement lors d'une réunion d'équipe ou une synthèse. Donner son expertise d'ex-usager sur l'aménagement de l'espace lors de réaménagements institutionnellement décidés. Accompagner un patient qui le demande lors de la visite chez le psychiatre.

7 - Activités qui rapprochent le MSP d'un « accueillant » d'une association aide, d'une

relation amicale ou d'un pair : répondre au téléphone à l'appel d'un usager qui a besoin de soutien ou de conseil à n'importe quelle heure, dans le temps officiel de travail ou hors temps[43], être là où sont les usagers sans rôle défini en étant disponible pour une demande, développer des échanges informels, transmettre ses trucs personnels pour « aller mieux » et pour développer la *self-efficacy* (choisir une musique joyeuse, un trajet agréable au retour d'une séance de psychothérapie, des films gais ...), animer un groupe d'entendeurs de voix entre pairs .

8 - Activités qui rapprochent l'usager d'un auxiliaire de vie : aider à faire le ménage, aider à ranger ou trier les papiers personnels.

Remarques

- Les activités exclusives (par rapport à celles qui existent déjà dans les équipes de secteur) se situent plutôt au point 1, 6 et 7. La série 4, sans être en soi spécifique, est originale par rapport à ce qui se fait dans les secteurs. La combinaison de l'ensemble est de toute façon spécifique.

- On pourrait dire que seules les activités incluant un rapport direct avec la vie institutionnelle - surtout en catégorie 6 - sont celles qui justifient l'emploi du mot de « médiateur », pour décrire

---

[43] Cette activité est en général jugée peu légitime par les équipes, qui parfois n'apprécient pas que le MSP laisse son numéro de portable aux usagers, ni qu'il travaille hors temps de travail.

cette forme précise de pair-aidance professionnelle. Elle aboutit à des activités originales qui n'existaient pas avant l'arrivée du MSP.

- Certaines activités se développent dans les murs (CMP, hôpital de jour, CATTP, intra-hospitalier), d'autres dans la ville. Cela donne des profils d'activité assez différents.

- Les MSP connaissent un niveau d'activité très variable, certains d'entre eux, sous-occupés, étant réduits à la série : «conversation banale, gentillesse, enjouement, présence, donner espoir, animation d'activités occupationnelles », soit parce que l'équipe les cantonne à cela, soit parce ce que c'est leur principale qualité, soit au confluent des deux raisons.

- La ligne de fuite, la coloration des activités aura des incidences sur l'insertion future des MSP dans le système de soins et dans le champ de la santé au sens large, notamment leurs relations avec les usagers et leurs associations. Ce n'est pas exactement la même image que d'apparaître comme un personnel soignant, un travailleur social ou un expert de l'entraide entre pairs.

II. Approche quantitative

L'approche quantifiée des activités s'est faite sur la base d'un questionnaire standardisé auto-administré ce qui présente bien sur, à coté de l'intérêt d'une vue d'ensemble, certaines limites méthodologiques, tant du coté de l'autoadminstration, que du coté de la finesse des catégories . Un MSP par exemple nous a reproché de ne pas avoir identifié la case « travail de création de GEM » (Quelques heures sur l'ensemble des données). Le questionnaire a été traité avec un logiciel d'analyse de données.

Les 14 MSP déclarent une somme totale d'heures travail par semaine de 443 heures, ce qui correspond à une moyenne de 29,5 (avec un minimum pour les mi-temps, un maximum pour les pleins temps, de 17 à 37 heures).

Le temps travaillé par activité, en heures, totalisé sur l'ensemble des MSP pour une semaine, est donné dans le tableau suivant, en valeur absolue :

Visite à domicile, seul	47,5
Visite à domicile en binôme	14
entretiens individuels, menés seul	81
entretiens individuels en binôme	9,5
travail en intra	60,5
visite de familles	11
travail avec famille accueil thérapeutique	4
co animation d'un groupe occupationnel dans le service	60,5
co animation d'un groupe occupationnel en ville	36
réunions organisées	48
réunions informelles, improvisées	26,5
temps perdu	15
travail sur les patients perdus de vue	7,5
administration pour le service ou le secteur	17,5
administration diverse	17
activités administratives pour ou avec les usagers	20
activités matérielles pour des usagers	6,7
activité de médiation	12,5
co-animation d'un groupe de parole	19,2
co-animation de groupes d'éducation thérapeutique	10,5
groupe d'autosupport spécifique	6,2
participation à la consultation d'un psychiatre	5,2
participation à la consultation d'un psychologue	3
soins intensifs, équipe mobile	10,5
travail autour de la contrainte	10,9
urgences et centre de crise	5,7
montage de projet	16,7

Total activités   582,6

Et en pourcentage :

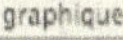

les activités en pourcentage de leur volume total

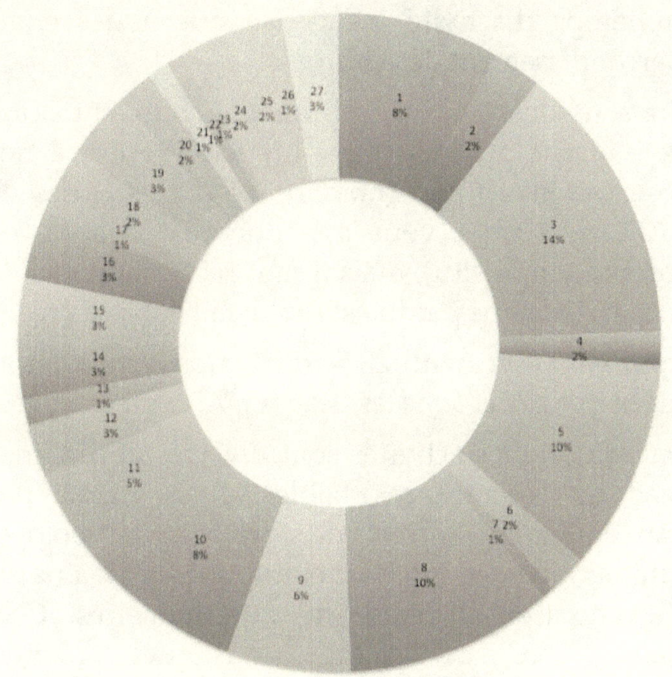

Légende : Les chiffres des sections renvoient au tableau précédent. Il faut lire : la section N 1, soit les VAD faites par le MSP seul, constituent 8 % de l'activité des 15 MSP.

On remarque que la somme de 582, correspondant au total déclaré des activités, est supérieure au nombre d'heures déclarées comme temps de travail, 443. (Certains MSP s'en rendent comptent pour leur propre cas et expliquent qu'ils travaillent plus que le temps légal mais, dans ce cas, ils en tiennent compte dans la déclaration du temps total de travail en question, cela ne peut donc expliquer ce décalage). Il y a donc une certaine surestimation du temps d'activité, peut être due à des effets d'arrondissement des chiffres.

Nous notons aussi une probable sous-estimation du « temps perdu « (ligne 12) par rapport à nos observations in situ (nombre de portes closes en VAD, de rendez vous non honorés observés en observation in situ), mais il faut reconnaître que la notion de temps perdu est tout à fait subjective.

Approximativement, 28 % du temps de travail se fait hors contact avec les usagers, 72 % en contact.

On voit que les activités sont diverses et certaines avec des occurrences faibles. Il ne serait pas statistiquement correct de forcer une typologie automatique des profils d'emplois de MSP à partir d'un nombre si réduit de questionnaires. Cela n'ayant pas de valeur statistique. À titre métaphorique cependant, on peut noter que l'axe statistique d'opposition principal que fournit le logiciel utilisé (Modalisa©) concernant les profils d'activités des MSP se situe entre les sites de Paca et les sites IDF. Cela recoupe l'analyse des activités fournie par les observations in situ : une interprétation plus sanitaire du rôle de MSP en IDF (comprenant du travail en intrahospitalier et très peu de VAD) s'oppose à une interprétation plus sociale en PACA (avec très peu de travail intrahospitalier et une majorité du travail hors les murs), les sites du NPDC se situant dans une position intermédiaire, les différences entre services en termes d'organisation du travail et de culture clinique et organisationnelle produisant dans leur agrégation un effet apparent de différence régionale.

Conclusion

Nous avons cherché à lister, décrire et ordonner les activités des MSP, pour répondre à une question naturelle que l'on nous a souvent posé : que font-ils ? IL faut cependant remarquer que la description en termes d'activités , pas plus que celle en termes de compétence [44], ne peut rendre compte de la spécificité du travail des MSP, mis à part la mise en évidence de quelques activités qui n'étaient prises en charge par aucun professionnel. Ce sont les descriptions en termes de savoir expérientiel, savoir-faire, style, posture qui permettent le mieux d'identifier les spécificités de leur travail.[45]

---

[44] CF rapport intermédiaire n1, .L. Demailly, *La question de la professionnalisation des MSP.*

[45] Cf la conclusion du rapport n°2 et le chapitre "les savoirs faire des MSP" dans le volume d'annexes.

Chapitre 4.
Effets du programme sur les MSP et leur rétablissement

Ce chapitre propose une analyse des effets du programme sur les médiateurs eux-mêmes[46] et leur rétablissement. Si, d'un côté, il faut se rappeler que les MSP ont été en partie recrutés sur la base d'un parcours préalable de rétablissement, d'un autre côté, il faut se garder de considérer le « rétablissement » comme un état de guérison immuable et le comprendre à la manière d'un processus non linéaire vers un mieux-être[47]. On

---

[46] Pour ce chapitre, nous nous sommes surtout appuyés sur les récits des médiateurs, livrés lors des deux entretiens individuels semi-directifs que nous avons effectués avec chaque médiateur, sur un intervalle d'environ une année.

[47] Anthony résume la notion de « rétablissement » de la santé mentale comme « un processus profondément personnel et singulier de changement d'attitudes, de valeurs, de ressentis, d'objectifs, de compétences et/ou de rôles. C'est une manière de mener une vie satisfaisante, utile et sous le signe de l'optimisme, même avec les limites imposées par la maladie. Le rétablissement veut dire donner, peu à peu, un nouveau sens et un nouveau but à sa vie à mesure

peut alors se demander quels ont été les effets du programme sur les médiateurs – leur parcours de vie, leur image d'eux-mêmes ou du trouble psychique - et sur leur rétablissement. Dans la très grande majorité des cas, les MSP étaient à la recherche d'un emploi ou inactifs avant de rentrer dans le programme. On peut alors aisément comprendre que reprendre une formation, puis un emploi, constituait un objectif et un pari pour ces individus, en même temps qu'une mise à l'épreuve (comme pour toute personne en situation de réinsertion professionnelle) d'autant plus qu'elle s'est faite dans un contexte expérimental, donc un cadre d'action difficile et incertain. Ajoutons à cela les troubles qu'ont connu chaque MSP qui, tôt ou tard, les ont éloigné des études ou du marché du travail.

Une des hypothèses de l'expérimentation était que l'insertion professionnelle d'(ex -) usagers de la psychiatrie, en tant que MSP, aurait un effet bénéfique sur leur propre rétablissement. À l'inverse, certains acteurs (tel que la FNAPSY par exemple) craignaient que le contact avec l'hôpital et les patients actuels ne produise des rechutes chez les médiateurs. Si des difficultés ont parfois

---

qu'on dépasse les effets désastreux de la maladie psychique», *in* Anthony, W. A., 1993, « Recovery from mental illness : the guiding vision of the mental health service system in the 1990s », *Psychocial Rehabilitation Journal*, 16, 4, 11-23.

été évoquées dans ce sens[48], c'est plus souvent l'inverse qui s'est produit : le sentiment d'être utile aux usagers domine les difficultés du face à face et consolide leur rétablissement. Mais bien d'autres dimensions peuvent entrer en compte pour comprendre les effets du programme sur chaque MSP, allant des conditions de travail et d'emploi aux caractéristiques personnelles (l'histoire de vie, le parcours professionnel, le rapport au monde médical et aux troubles psychiques, la conception du rétablissement...). Dans tous les cas, les effets du programme sur les médiateurs ne sont jamais directs, mais toujours filtrés par des représentations sociales et des contextes d'action propres à chaque situation. Plus encore, pour un même individu, ce qui est vécu négativement ou difficilement sur un versant de l'expérience peut simultanément être jugé positif et facteur de rétablissement (par exemple, le rythme de travail peut être jugé difficile en termes de fatigue, mais facteur de rétablissement en ce qu'il permet la structuration du rythme de vie).

D'un point de vue plus général, la réinsertion professionnelle est souvent considérée, dans la littérature sur le rétablissement[49], comme une

---

[48] Notamment concernant certains des MSP sortis du programme, cf. chap. 2 sur les cessations d'emploi des MSP.

[49] Cf. notamment Greacen T., Jouet E. (dir.), 2012, *Pour des usagers de la psychiatrie acteurs de leur propre vie. Rétablissement, inclusion sociale, empowerment*, Toulouse,

étape décisive du processus. Le travail apparaît alors comme une sorte de test du rétablissement d'une personne, car il peut fragiliser et/ou consolider celui-ci, mais pour des raisons souvent extérieures à l'individu lui-même : les conditions de travail et d'emploi, l'ambiance de travail, les relations aux collègues et aux usagers, le rapport à l'activité elle-même etc. Dans tous les cas, cette expérience enjoint les MSP à une ré-évaluation subjective de leur situation et de leur rétablissement, ce dont ils ont témoignés lors de nos entretiens.

I. Les dimensions positives de l'entrée dans le programme

Le premier effet positif mis en avant par la majorité des MSP était le fait même de s'engager dans une réinsertion professionnelle. Cela a été d'autant plus vrai pour ceux des MSP qui étaient inactifs depuis longtemps ou ceux qui avaient peu d'expérience professionnelle préalable. Certains MSP ont ainsi eu le sentiment de sortir du « marasme », de l'« impasse », de l'« enlisement » dans lesquels ils se trouvaient avant l'entrée dans le programme. Globalement, les effets de la reprise d'un travail sur les MSP se sont souvent traduits, selon leurs propres mots, en termes d'un mieux-être, d'une plus grande « sérénité », d'un « effet thérapeutique », d'un « facteur de stabilisation »,

---

Èrès.

d'un « enrichissement » ou d'un « épanouissement » personnels. La reprise d'une activité salariale semble ainsi avoir contribué au renforcement de leur rétablissement, mais plusieurs dimensions du travail doivent être ici distinguées, bien qu'elles interagissent entre elles.

I. 1. Structuration du rythme de vie

La première dimension concerne le travail comme facteur de structuration et de stabilisation de la vie. Le fait même d'avoir un emploi et des contraintes à la fois temporelles et de productivité a souvent été associé à un effet positif, dans la mesure où cela permet justement de mieux structurer son rythme de vie et d'être moins livré à soi-même (mieux organiser son temps, pour certains moins « faire la fête »..). Avoir un agenda déjà rempli pour la semaine à venir, par exemple, permet la structuration du temps et donne le sentiment de « faire quelque chose de sa vie », la contrainte de « prendre des initiatives », « d'aller de l'avant », est en soi facteur de rétablissement.

I. 2. Autonomisation

La deuxième dimension positive concerne l'emploi comme facteur d'autonomisation et d'indépendance. Certains MSP ont ainsi souligné l'importance que revêtaient pour eux le fait d'avoir un salaire, le sentiment de ne plus vivre aux crochets des proches ou de la société. Une forme de dignité sociale reste attachée au statut de travailleur salarié, et qui s'agrémente bien entendu des avantages sociaux l'accompagnant (notamment en termes de sécurité sociale...). L'emploi est un facteur décisif de l'individuation contemporaine, il fournit ainsi un fort sentiment d'autonomie et d'indépendance personnelles. Dans l'imaginaire collectif, c'est également lui qui octroie et étend le sentiment de citoyenneté, de fierté et d'utilité sociale.

I. 3. Intégration et reconnaissance professionnelles

La troisième dimension concerne le travail comme facteur d'intégration sociale. C'est le cas lorsque les MSP parlent des effets positifs du programme sur leur vie du fait qu'ils ont retrouvé une sociabilité, des relations sociales plus denses, de nouveaux rôles sociaux, permettant ainsi de rompre un certain isolement. Le sentiment d'appartenance au monde commun à travers la participation économique et sociale est ici souligné, une forme de citoyenneté et d'utilité sociale.

Plus spécifiquement, étant donné le parcours de soins des MSP, le fait de travailler dans des institutions de santé mentale induit le sentiment de passer de l'autre côté de la barrière, celle qui trace une frontière imaginaire entre le statut de malade et celui de soignant. Cette idée s'est notamment exprimée dans le changement de perception des professionnels de santé mentale, qui passent du statut de « soignant » au statut de « collègue », du moins lorsque l'intégration du MSP a été réussie et qu'il ait reçu une reconnaissance professionnelle par ses collègues. Ceci renforce leur rétablissement dans la mesure où ce dernier est reconnu par des professionnels de santé mentale, devenus collègues.

De plus, l'idée de pouvoir à nouveau se projeter dans une carrière professionnelle a été soulignée, malgré les incertitudes qui auront plané sur cette expérimentation tout au long de son déroulement. En tous les cas, lorsqu'elle a eu lieu, la reconnaissance des compétences professionnelles des MSP leur aura redonné une confiance en eux et en leur capacité à travailler « comme tout le monde », une estime d'eux-mêmes.

I. 4. Une activité utile et en accord avec les éthiques personnelles

Enfin, la quatrième dimension du travail comme facteur de rétablissement concerne le sentiment d'être utile aux usagers. L'activité de MSP, en tant que métier de la relation, conforte le sentiment d'être important pour autrui. Lorsque le MSP a reçu, de la part des usagers, des retours indiquant qu'il leur apporte effectivement une aide, un soutien ou un bien-être, le sentiment d'être « utile » émerge et contribue au bien-être du MSP lui-même, à fortifier son rétablissement. C'est peut-être ici la dimension la plus importante concernant les effets positifs du programme sur les MSP, puisqu'elle est le plus souvent, dans les témoignages, associés à l'épanouissement personnel. Dans l'individualisme contemporain, et plus particulièrement dans l'activité salariale, la possibilité pour un individu d'exercer une vertu et d'être en accord avec son éthique de vie, son authenticité, est en effet cruciale. Lorsque les conditions sont réunies (bonne intégration professionnelle, sentiment d'utilité, capacité à faire face aux contraintes, plaisir dans le travail...), le sentiment de consolider son rétablissement par son activité de MSP prédomine largement.

II. Les effets négatifs du programme sur le rétablissement

Trois dimensions principales auront pu avoir un effet négatif sur le rétablissement des MSP : le cadre de l'expérimentation elle-même, le rapport à l'institution psychiatrique, l'activité de MSP. Ces dimensions jouent à différents niveaux que nous avons regroupés sous cinq catégories.

II. 1. L'incertitude d'une fonction nouvelle

Du fait de l'expérimentation, la fonction et la fiche de poste du MSP ont été inégalement préparées, comprises, reçues, suivant les lieux où devaient s'intégrer les médiateurs. Dans certains cas, le « flou » ou le désaccord avec les collègues ou les supérieurs hiérarchiques, concernant la mission du MSP, ont donné lieu au sentiment d'être mal ou pas intégré dans l'équipe, ce qui s'est traduit par des sentiments négatifs de rejet, d'inutilité, d'incertitude quant à sa fonction ou son avenir. Cela a été le cas surtout lorsque les équipes n'étaient pas préparées à l'arrivée du MSP dans leur service, donnant lieu à une incompréhension de cette nouvelle fonction, ou dans le pire des cas, quand les MSP auront dû faire face à une hostilité de la part de l'équipe soignante, ce qui a d'ailleurs été à l'origine de rechutes. Mais dans la plupart des situations, c'est davantage le flou de la fonction au sein de la division du travail dans l'organisation qui a posé problème, que l'hostilité proprement dite. Ont alors été évoqués la difficulté à se faire une place dans cette dernière et le sentiment de ne pas pouvoir faire son métier tel qu'on se le représente. D'autres fois, une forme de placardisation ou de réduction de la marge de manœuvre du MSP a été ressentie très négativement dans la mesure où l'emploi ne s'accompagnait pas de tâche de travail. Ici, c'est alors le manque de responsabilités gratifiantes au travail qui a engendré des effets négatifs.

II. 2. La dévalorisation et la stigmatisation par les collègues

Une autre dimension est liée à l'institution de santé mentale : la dévalorisation ou la stigmatisation des MSP de la part des professionnels y travaillant. Cette dimension est partie prenante des difficultés d'intégration professionnelle, mais ne s'y réduit pas, puisque parfois c'est moins un déficit d'intégration qu'un manque de confiance dans les capacités du MSP qui a été souligné. Deux facteurs semblent ici avoir joué un rôle.

D'une part, la dévalorisation du diplôme lui-même, et dans ce cas le MSP est plutôt perçu comme incompétent ou insuffisamment formé et qualifié. Les compétences professionnelles des MSP ont pu ainsi être dénigrées du fait que le métier de MSP n'est pas encore établi, reconnu et institué.

D'autre part, la stigmatisation du MSP, lui assignant une identité de malade et de personne fragile plutôt que de professionnel en capacité de faire face à ses responsabilités. Cette assignation identitaire peut d'ailleurs s'exprimer sous le signe d'une bienveillance (éventuellement excessive) de la part des collègues, ceux-ci craignant une « rechute » du MSP face à la souffrance des usagers. Elle a parfois engendré un sentiment d'infantilisation et de ne pas être considéré comme un « vrai » professionnel.

II. 3. Un manque de reconnaissance institutionnelle

Une autre forme de manque de reconnaissance a également été éprouvée par certains MSP. Le montant de leur rémunération ou leur place au sein de la hiérarchie hospitalière ont pu être perçus comme des indicateurs de la faible reconnaissance dont ils étaient l'objet. Par ailleurs, les incertitudes liées au statut expérimental du programme ont soulevé de nombreuses questions pour plus d'un MSP vis-à-vis de leur avenir professionnel.

II. 4. Un cadre trop rigide

Une autre grande dimension ayant donné lieu à des effets négatifs concerne l'activité elle-même et le cadre d'action institutionnel. Certains MSP ont en effet souligné la difficulté à s'adapter aux rigidités organisationnelles, bureaucratiques ou hiérarchiques. Par exemple, l'informatisation et la rationalisation des processus de soin en santé mentale ont été durement éprouvées et interprétés comme incompatibles avec une éthique personnelle. D'autres fois, c'est la lourdeur du cadre institutionnel qui a été jugé comme difficile à vivre, notamment la nécessité de se référer à la hiérarchie laissant peu de place à l'initiative individuelle.

II. 5. Le face à face avec les patients

Enfin, la dernière dimension négative qui nous été rapportée concerne le face à face avec les usagers eux-mêmes. Si, dans la grande majorité des cas, cette difficulté est contrebalancée par le sentiment d'être utile, les médiateurs ont néanmoins souligné différents malaises liés aux patientsqu'ils rencontraient. Le premier aspect a trait au découragement face aux patients les plus anciens des services. Le sentiment d'inertie, d'inutilité, d'incapacité à aider l'autre donne alors lieu à des malaises que les MSP parviennent néanmoins à gérer et à tenir à distance. L'autre difficulté relative aux patients provient des possibilités d'action limitées du MSP pour aider l'autre : lorsque ce dernier aspire par exemple à retrouver un travail alors que le MSP, lucide, sait que l'aspiration de la personne est incompatible avec le fonctionnement actuel du marché de l'emploi. Enfin, dans quelques cas, la proximité des pathologies s'est avérée difficile à supporter et a pu déclencher une sortie du programme (voir le chapitre 2).

Conclusion

On s'aperçoit que beaucoup de dimensions de l'expérience de travail des MSP jouent sur leur processus de rétablissement, que ce soit positivement ou négativement, à côté d'autres facteurs extra-professionnels ne concernant pas l'expérimentation proprement dite[50]. Pour illustrer

---

[50] Nous pourrions proposer une autre typologie des effets à partir des trois grandes significations du travail dans notre société, proposée par Dominique Méda : *1. Le travail comme statut social*. Dans son versant positif,

ces propos de manière idéal-typique, nous pouvons regarder l'évolution de l'utilisation du support médicamenteux chez deux MSP ayant eu une expérience de travail presque opposée, en supposant que l'utilisation de ce support serait un indicateur de rétablissement. L'un a réduit son traitement au fur et à mesure que son expérience professionnelle réussissait (structuration plus grande du rythme de vie, reconnaissance institutionnelle au sein de son secteur, reconnaissance personnelle par ses collègues de travail et les usagers, valorisation de ses

---

l'expérience de MSP offre un statut social que seul semble pouvoir fournir le travail salarié à l'âge adulte dans notre société. À l'opposé de la honte du chômeur ou de l'inactif se situe la figure du travailleur perçu comme digne et méritant, responsable de sa vie, maître de son destin. La fierté, d'un côté, le sentiment d'infantilisation de l'autre, ont bel et bien joué pour beaucoup de MSP. 2. *Le travail comme activité créatrice.* Cette dimension comprend notamment la reconnaissance plus personnelle, par les collègues et les usagers, de sa propre compétence et utilité concrète. La dimension éthique du travail peut être également rattachée à cette dimension du travail plus subjective. Les limites imposées au MSP, lorsque celui-ci ne pouvait pas « faire son travail », ont ici un impact négatif. 3. *Le travail comme valeur d'échange.* En tant que valeur d'échange, le travail fournit le sentiment d'être à la fois indépendant, utile, compétent, reconnu. Nous avons ainsi évoqué les effets positifs du sentiment d'autonomisation, de participation et d'utilité sociales. Dans ses aspect négatifs, cette dimension est ressentie à travers le manque de reconnaissance institutionnelle du diplôme, le salaire jugé trop bas...

compétences, sentiment d'utilité et d'éthique). À l'inverse l'autre MSP a repris un traitement qu'il n'avait plus depuis longtemps, puis a arrêté l'expérience, tout en nous indiquant clairement que cela était lié aux problèmes de son expérience professionnelle (hostilité personnelle des collègues, manque de reconnaissance institutionnelle, impossibilité d'exercer son travail au contact de patients, manque de sentiment d'utilité, d'éthique, de sens positif du travail).

Chapitre 5.
Effets de la présence des MSP sur les équipes soignantes

Le présent chapitre analyse les effets de l'insertion des médiateurs dans les services sur les équipes elles-mêmes. Ces effets ont lieu à différents niveaux : les services et leur fonctionnement ; les équipes, leur organisation et les activités qu'elles mènent ; les membres des équipes, leurs pratiques professionnelles et leurs représentations du soin, de la maladie, du patient, etc. Le présent chapitre s'appuie sur les 58 entretiens réalisés auprès des membres des équipes participant au programme, tous titres et statuts professionnels confondus, et les multiples séquences d'observations directes faites par les chercheurs tout au long de ce travail.

Communication et enjeux politiques

Un programme porté par la direction et l'encadrement des services

Au-delà des variations entre les différents sites, un élément revient de façon récurrente et systématique dans les entretiens que nous avons menés avec les professionnels. La très grande majorité des membres des équipes soignantes souligne le manque d'information, de préparation et d'intégration au projet dont ils ont pu bénéficier avant l'arrivée des MSP.

Il existait au début de l'expérimentation un écart important sur la perception et la compréhension du programme entre d'un côté ceux qui ont porté la candidature du site et d'un autre, les équipes soignantes. Ainsi, le programme, tout comme la présence du médiateur, ont pu, sans que le CCOMS l'ait perçu, être considérés comme un projet de la direction servant ses propres intérêts symboliques davantage que ceux de l'équipe ou des patients.

L'action syndicale

Dans ce contexte particulier, les syndicats infirmiers se sont présentés comme les principales sources d'information à propos de ce programme. Dans un environnement général de rationalisation des coûts et de restriction budgétaire dans les services publics de santé, les syndicats, majoritairement opposés à cette expérimentation, ont diffusé des informations souvent alarmistes et parfois erronées (notamment sur la question de la rémunération supposée des MSP).

Réactions diverses des équipes

Les équipes des différents sites engagés dans

l'expérimentation (18 au départ) n'avaient pas toutes le même positionnement initial et n'ont donc pas « réagi » de la même façon à cette expérimentation.

Les effets de ce programme et de l'insertion des médiateurs n'ont pas partout été les mêmes et **dépendent très fortement de l'accueil réservé aux MSP**, de leur plus ou moins grande intégration dans l'équipe soignante et des activités qui leur aura été possible de développer ou qui leur auront été confiées. Bien que ce soit dans les équipes où les MSP ont été le mieux intégrés que l'on relève le plus d'effets perçus comme positifs de ce programme, il n'est pour autant pas possible d'établir une correspondance stricte entre mode d'insertion et effets sur les équipes. Les différents effets listés ici, qu'ils soient ressentis (déclarés dans les entretiens) ou observés (par les chercheurs), sont des **« effets potentiels », c'est-à-dire qu'ils ont été constatés dans un ou plusieurs sites de l'expérimentation, mais pas nécessairement dans les autres**. Il s'agit alors d'effets susceptibles d'avoir lieu et donc bien loin d'êtres systématiques. Il est par ailleurs **difficile de savoir si ces modifications seront durables** ou si elles sont les conséquences de la « nouveauté » induite par ce programme. De fait, certains effets sont liés à l'expérimentation (sa temporalité, sa conduite de projet, etc) alors que d'autres sont davantage liés à l'activité même des médiateurs et à la présence de nouveaux professionnels dans les équipes. Enfin, il est important de souligner que **les effets sur les équipes restent avant tout mineurs**, bien loin des grandes transformations qui pouvaient être redoutées par certains ou espérées par d'autres.

I. Effets sur l'organisation, le fonctionnement et l'activité des services

I. 1. Une gestion du programme et un encadrement chronophage

Dans l'écrasante majorité des services, le démarrage du programme et l'arrivée des médiateurs sont décrits comme précipités et les professionnels estiment avoir improvisé l'accueil des MSP. Une conséquence directe fut la multiplication après-coup des moments de réflexions administratives ou organisationnelles sous de multiples formes. Comme c'est le cas pour n'importe quel stagiaire, l'ensemble de ces moments visait à cadrer le travail des médiateurs (quelles activités, quels objectifs, quelles missions, quelles possibilités et liberté d'action, quels droits d'accès aux informations, quelles modalités de transmission, etc...) à la différence près qu'il s'agissait ici d'une profession encore inexistante, dont les rôles et pratiques professionnelles restaient à définir. A ces moments internes à chaque service s'ajoutaient les réunions, regroupements et démarche administrative liés à la dimension expérimentale du programme. De fait, l'encadrement des médiateurs est souvent présenté par les équipes comme une activité « lourde », « chronophage », « pesante », venant s'ajouter à celles déjà existantes, et qui de plus pèse le plus souvent sur une ou deux personnes.

I. 2. Un certain malaise à gérer

Dans les équipes où l'adhésion à l'expérimentation fut la plus faible, les professionnels ont dû faire face à un paradoxe quotidien : faire preuve de bienveillance et maintenir de bons rapports humains avec les médiateurs tout en limitant du mieux possible son activité pour qu'elle n'empiète pas sur la leur ou sur la routine du service. D'où un malaise face à ces situations intenables consistant à préserver le médiateur en tant que personne tout en le mettant à l'écart en tant que professionnel.

I. 3. Des incertitudes à prendre en compte

Si le rétablissement des médiateurs était un des critères de recrutement, tous font preuve, à minima, d'une fatigabilité (transitoire ou permanente) supérieure à celle des autres professionnels. Afin d'anticiper ces temps de repos nécessaires, en plus du critère administratif formel du temps de travail, de nombreux agencements ont pu être observés[51]. Les professionnels se sont trouvés partagés entre, d'un côté, considérer les médiateurs comme n'importe lequel de leurs collègues et ne pas tolérer les écarts au risque d'entrer en conflit, et, d'un autre côté, accorder une certaine tolérance, au risque de mettre les MSP en porte à faux dans leur rôle professionnel plein et entier.

I. 4. Avoir de nouveaux collègues aux emplois du temps flexibles

En tant que nouveau professionnel aux missions et activités encore mal définies, une partie des activités des médiateurs réside dans la réalisation de tâches qui leur sont déléguées par d'autres. Ces activités ne sont pas spécifiques aux médiateurs, mais les autres professionnels manquent généralement de temps pour accomplir ces tâches souvent chronophages. Les conséquences qui en découlent sont alors les suivantes :

- Alléger la charge de travail des soignants et leur permettre de se consacrer à d'autres activités, éventuellement plus techniques et spécialisées.

- Assurer la régularité de ces activités, notamment les VAD, dans de bonnes conditions. La souplesse

---

[51] Temps de repos en milieu de journée, tolérance particulière sur les horaires ou jours non travaillés sans pour autant être déclarés sous une forme ou sous une autre (Congé, arrêt maladie, RTT, etc...).

organisationnelle dont bénéficient les MSP, leur permet de réaliser des VAD plus longues et régulières ou de consacrer plus de temps à un patient s'ils en ressentent le besoin, sans être bousculés par les activités suivantes.

- Débloquer certaines situations en assurant les accompagnements physiques des patients dans différents lieux. Cette progression dans l'accompagnement général d'un patient représente un gain pour le travail de l'ensemble de l'équipe.

Intégrer dans le travail un autre point de vue

La dimension pair des MSP et l'aspect potentiellement informel de leur pratique permettent à certains patients de transmettre des informations qu'ils n'auraient pas confiées à un autre professionnel.

Le prisme de lecture des MSP qui se rattache davantage à celui de personnes ayant l'expérience de la maladie qu'à la formation biomédicale permet parfois aux médiateurs d'apporter aux équipes, que ce soit lors d'échanges informels ou au cours des réunions d'équipe, des informations qui ne leur étaient pas connues ou dont l'importance pour le vécu du patient était sous-estimée.

La participation des médiateurs à des groupes de psychoéducation ou d'éducation thérapeutique tend à acter la prise en compte de ces points de vue différents. Elle permet d'enrichir ces groupes par des exemples vécus et des pistes de réflexion sur le vécu quotidien des troubles ou la prise de traitement.

Nouvelles activités

Dans certains sites, les MSP ont pu proposer de nouvelles activités aux patients ou reprendre à leur compte des activités tombées en désuétudes. Sans être foncièrement différentes de celles qui se pratiquaient auparavant, ces activités se caractérisent souvent par une moindre formalisation que lorsqu'elles sont menées par d'autres professionnels. Citons comme exemple, des ateliers informatiques, danse, sport, sortie culturelle, etc...

Si cette dimension informelle a pu inquiéter certains professionnels, qui y voient amateurisme et manque de préparation, d'autres saluent l'initiative en constatant que cela peut redonner du sens à ces ateliers « où les gens ont plaisir à venir et où ça ne fait pas malades chroniques » (commentaire que l'on retrouve de façon positive dans les entretiens menés avec les patients).

II. Effets sur les représentations

Un deuxième ensemble d'effets observés porte sur une dimension plus symbolique et politique. Un des objectifs du programme, relevé par certains chefs de service, était de questionner la division qui existe entre soignants et soignée, entre malade et non-malade. L'intention est alors autant de travailler sur la lutte contre la stigmatisation de la maladie mentale que de faire évoluer les institutions et les pratiques de soin en santé mentale.

II. 1. Susciter le débat

En cela, le premier effet de ce programme, constaté dans l'ensemble des sites qui y ont participé, réside dans les échanges, débats et questionnement qu'il a suscités. Sur les nombreuses dimensions touchées par cette expérimentation, les questionnements et positions adoptées par les acteurs ne sont pas figés et ont généralement évolué au fil du temps et du déroulement de l'expérimentation. Des professionnels opposés à l'implantation des MSP y sont devenus favorables, d'autres, curieux sans avis préconçu, y sont devenus réticents ou opposés alors que pour d'autres encore, cette expérimentation n'a fait que renforcer leurs convictions initiales. Pour tous, ces évolutions sont directement fonction du plus ou moins bon déroulement de l'expérimentation dans le service concerné. Ainsi, cet objectif du programme, s'il a été salué pour l'enrichissement qu'il a apporté à certaines équipes a aussi pu être un point d'achoppement important entre les équipes et les médiateurs ou comme une source de conflit à l'intérieur d'une équipe. Chaque équipe, chaque service, étant soumis à ses propres enjeux indépendamment et au-delà de cette expérimentation, si le programme a soulevé des questions, il n'a jamais permis de les trancher et de faire changer une politique de service. Afin de contourner le conflit latent soulevé par ce programme, certaines équipes ont contourné le débat par la mise en place de réflexions d'ordre purement organisationnel dont l'objectif était de définir et contrôler l'activité du MSP en préservant les habitudes et routines de l'équipe. Ces situations ont abouti soit à l'externalisation de l'activité du MSP (qui mène ses actions en dehors du service), soit à une forme de « placardisation » du MSP qui à moyen terme aura conduit à un changement de site d'affectation ou à la sortie du programme.

II. 2. Partition soignant/soigné, médical/social

La présence des MSP a pu souligner l'écart existant entre soignants et patients, mettant à jour, dans le même temps, l'intérêt que peut représenter un médiateur. De par leur position d'ancien patient et de nouveau professionnel, mais aussi par leur intégration dans les équipes sans être à proprement parlé des soignants ou des travailleurs sociaux, c'est l'ensemble de la répartition des rôles et des places que la présence des MSP vient questionner (et parfois remettre en cause). Si dans certaines équipes cette position fut très bien accueillie, ce ne fut pas le cas partout. De fait, la division soignant/soigné ou médical/social et l'ordre symbolique des professions qui l'accompagne, ont pu être mobilisés et réaffirmés par certains professionnels pour les opposer à la posture de médiateur et ainsi justifier ce qu'ils ressentaient comme une intégration impossible dans des équipes déjà très structurées.

II. 3. La posture de soignant

De par leur manière d'être avec les patients (bise, tutoiement...) et leur positionnement relationnel (sujet de conversation, capacité à parler de soi, ...) les MSP ont parfois remis en cause certaines règles, explicites ou tacites auxquelles s'astreignent les soignants et qui constituent une part non négligeable de leur éthos professionnel (distance relationnelle, protection de la vie privée, etc). Par ces « transgressions » les MSP ont montré à certains soignants qu'il était possible de moduler ces règles sans pour autant remettre en cause leur position éthique ou statutaire. La présence des MSP dans les équipes a pu aussi amener certains soignants à surveiller ou modifier la façon dont ils parlaient des patients. Cet élément occupe une place paradoxale. En effet, d'un côté il est décrit comme étant un point positif, en obligeant les soignants à mettre de côté une lecture pessimiste des situations ou une approche trop médicale des situations. D'un autre il est perçu comme quelque chose de négatif, car allant à l'encontre de la spontanéité dans les rapports au travail voire empêche l'humour sur les patients et le parler péjoratif qui est une soupape aussi classique qu'importante dans la gestion du quotidien professionnel.

II. 4. Représentation de la maladie et du soin (effet rare)

Seuls quelques rares professionnels déclarent que le travail aux côtés des médiateurs a fait évoluer leurs représentations de la maladie mentale. Dans ces cas, ces modifications vont dans le sens d'un meilleur espoir dans la possibilité d'un rétablissement pour les patients et s'accompagnent d'une vision moins pessimiste sur les diagnostics qui peuvent être posés.

Par ailleurs, les initiatives prises par les MSP au travail, leurs propositions au cours des réunions, mais aussi l'observation de leurs manières de faire dans les accompagnements a modifié pour certains soignants leur conception du soin en élargissant le champ des possibles. Au-delà de la compliance au traitement pharmacologique et de l'accompagnement psychologique, les MSP sont venus rappeler l'importance de l'activité, rappeler que le « faire » est une voie importante dans l'amélioration de la santé mentale des personnes.

Conclusion

Les effets sur les équipes provoqués par l'implantation des MSP s'observent à différents niveaux : organisation des services, pratiques professionnelles, représentations de la maladie, du soin ou de l'ethos professionnel. Ces effets sont d'une assez faible intensité et sont très inégaux d'un service à un autre ; intensité et domaine étant fortement corrélés à l'intégration que les MSP ont connue dans leurs services respectifs. Par ailleurs, du fait de la dimension expérimentale de ce programme et des contraintes temporelles de cette étude, il est difficile de dire si les effets constatés seront durables ou s'ils seront amenés à s'accroître ou à s'atténuer avec le temps.

Chapitre 6.
Les rencontres MSP/usagers : formes, styles, effets

I. Introduction : méthodologie et objet

Nous analyserons les rencontres entre patients et MSP : leur contenu ; leur forme, leur style, les caractéristiques de ces interactions, certains de leurs effets.

Deux précisions. Ce chapitre ne présentera pas une *évaluation des effets thérapeutiques* des MSP sur les patients qu'ils suivent. Une telle évaluation aurait demandé la construction d'un échantillon systématique, aléatoire ou représentatif, et, en plus de l'entretien avec le patient, des entretiens avec son médecin en début et en fin de période expérimentale. Il ne présentera pas non plus un travail systématique sur les représentations que les usagers d'un service se font des MSP. Là aussi un échantillon raisonné aurait été nécessaire pour explorer les représentations des usagers d'une unité qu'ils aient, ou non, personnellement affaire au MSP.

Notre corpus d'enquête est pour l'essentiel composé de patients qui ont été en contact au moins une fois avec le MSP, souvent plus. Nous les avons trouvés selon une méthode pragmatique: patients rencontrés lors de tournées faites avec le MSP ou juste après un entretien avec lui, patients dont le MSP nous a proposé les coordonnées[52], occasion de discussion pour faire un entretien. Il y a donc une sous-représentation des usagers de l'unité qui ont peu, pas ou plus de contact avec le MSP ; ce qui ne nuit pas à l'étude des rencontres.

D'autres caractéristique de notre échantillon sont aussi à signaler. Le premier est que nous nous sommes adressés à des patients susceptibles d'accepter de parler. Le second est que nous avons dû faire signer des feuilles de consentement et donc expliquer que nous travaillons sur un programme expérimental et sur le travail des « médiateurs de santé pairs ». Alors que nous avions prévu un démarrage standardisé d'entretien du type : « avez-vous rencontré X, connaissez-vous X ? », nous avons été obligés d'introduire le terme de médiateur ou d'ancien malade. En discussion spontanée en revanche, il arrivait que X soit perçu comme un(e) infirmier(e) ou qu'il ne soit pas su que le « médiateur » soit un ex-malade. L'insistance des questions dans les entretiens formalisés et le cadre de ce qui pouvait

---

[52] Il n'a pas toujours été évident pour les MSP de faciliter les rencontres du sociologue avec les usagers. C'est là que nous percevons l'inquiétude que nous pouvons susciter en tant qu' « évaluateurs de leur travail " (ce que nous ne sommes pas).

apparaître comme une évaluation des personnes poussait aussi davantage aux appréciations positives ou conformes à ce que les patients pouvaient estimer que l'on attendait d'eux[53].

Ces réserves faites, nous pouvons souligner la qualité de notre matériel d'enquête. Nous disposons de 74 entretiens d'usagers (numérotés « U » entre 1 et 90), ce qui constitue environ le tiers des patients suivis par des MSP au premier trimestre 2013[54]

- 29 réalisés en Île de France (Charcot : 10, Les Murets : 2, Perray Vaucluse : 7, Saint Maurice : 2, Saint Anne : 8)

- 25 en PACA (CMP Réhabilitation AP-HM : 7, MARSS AP-HM : 7, CMP Bellagio Nice : 5, HDJ Valvert : 6)

- 20 dans le Nord-Pas-de-Calais (Arras : 2, G21Fâches : 7, Armentières : 2, G21 filière appartement : 9).

Nous disposons aussi d'un nombre important d'observations de rencontres entre les MSP et les

---

[53] A noter également que les biais venant d'être évoqués ont pu être accentués quand les usagers étaient choisis et « préparés » aux entretiens par des membres de l'équipe soignante. Ce fût le cas sur un site en particulier, où une infirmière assistait aux entretiens entre le patient et le sociologue.

[54] Le nombredes patients suivis par chaque MSP a ensuite fortement augmanté, parfois un peu artificielelment en focntion de sbesoisn du protocolee de recherhce quantititative

usagers (dont certaines ont donné lieu à enregistrement, numérotés « Interaction » de A à H) et de discussions informelles avec les usagers.

Nous pouvons donc donner un aperçu 1) Des caractéristiques générales de la rencontre, 2) Des effets du dispositif de la pair aidance sur les représentations des usagers quant à la maladie en général et au système de soins 3) Des effets jugés thérapeutiques sur eux mêmes - au sens large 55 -, par les usagers 4) Enfin, dans certains cas, des limites ou impasses des rencontres.

II. Les déterminants de la rencontre et leur cadre commun

La nature et le cadre organisationnel de l'unité de psychiatrie publique dans laquelle travaillent les MSP influencent fortement la forme et le contenu des rencontres, à la fois par ses règles, ses coutumes, l'autonomie laissée par l'équipe au MSP, et par le style des autres professionnels que rencontre le patient et auxquels il compare spontanément le MSP. Le type de patientèle est évidemment très déterminant également (les patients de Marss et ceux de Réhabilitation Marseille ne présentent pas les mêmes caractéristiques sociologiques). Le type d'activité que mène le MSP durant les rencontres est

---

55 Thérapeutique à entendre donc aussi bien comme réduction des symptômes que comme aide au rétablissement, ou encore contribution à l'aller mieux.

également déterminant. Il peut s'agir :

- d'entretiens de face à face en CMP ou en VAD,

- d'intervention en CATTP, hôpital de jour ou intra dans un cadre organisé par d'autres professionnels,

- d'activités à l'extérieur des murs de l'hôpital et de l'ambulatoire

- d'animation de groupe de parole, généraux ou spécifiques.

Ces quatre types de cadres déterminent des possibilités différentes de rencontre.

Le savoir expérientiel du MSP (nous avons choisi d'appeler savoir expérientiel celui qui est lié à la maladie, au fait d'avoir été patient et au fait d'être rétabli) joue également : les MSP sont généralement plus à l'aise avec des problématiques psychopathologiques proches de celles qu'ils ont vécues. La personnalité, l'expérience et les compétences du MSP enfin impriment leur marque à la rencontre.

De ce fait les rencontres MSP/patients sont fort singulières.

Il y a cependant des éléments communs que l'on retrouve (mis à part de rares exceptions) dans toutes les rencontres MSP/patients et qui les spécifient par rapport aux rencontres autres professionnels/patients.

1) **Leur caractère volontaire** pour le patient, qui n'y est jamais obligé.

2) **Une normativité moindre sur les comportements** de la vie quotidienne, par opposition aux soignants psychiatres et infirmiers « *qui font la morale* » (suivant les propos des usagers). Par exemple sur la propreté des locaux, le ménage, la cigarette…, les MSP sont peu normatifs. Cette plus faible normativité est peut être due à un savoir expérientiel du rétablissement et à une importance moindre des recommandations de santé publiques dans la façon dont les MSP abordent le quotidien des patients comparativement aux professionnels soignants.

3) **Du temps, de la disponibilité** : entretiens longs, visites longues, téléphone portable accessible…

4) **Un rapport distant à la médicamentation** : les MSP ne sont « *pas là pour ça* ». Les MSP se défendent d'être « anti-médicament ». Il arrive à certains de signaler que les médicaments ne sont pas suffisants pour le rétablissement, voire pas systématiquement indispensables.

5) **Les rencontres ont tendance à se faire au rythme d'une fois par semaine ou une fois tous les quinze jours**. Certains MSP étaient d'abord partis sur un rythme de deux fois par semaine, mais l'ont espacé « *On a eu peur cela devenait trop affectif pour eux et pour moi aussi* ». Déroutés par les phénomènes de transfert et de contre-transfert, les MSP les évitent (en partie) et reconstruisent une distance par la baisse de la périodicité des rencontres et un cadrage des horaires,

généralement ramenés aux « horaires de bureau ».

6) **Un certain décloisonnement vie privée/vie professionnelle**, mais dont l'ampleur est très variable d'un MSP à l'autre. De fait, la confidence n'est pas une caractéristique générale et discriminante de la rencontre MSP/patient.

7) **Une certaine familiarité** dans le contact, spontanée ou utilisée à des fins de facilitation du travail relationnel. Ici aussi, cela varie fortement en fonction des MSP.

III. Effet sur les représentations de la maladie et du soin

A. La possibilité du rétablissement et la chronicité de la maladie

La présence des MSP contribue à diffuser l'idéologie du rétablissement auprès des usagers, auprès de ceux qui sont découragés aussi bien qu'auprès de ceux qui ont espoir de guérir. Dans le premier cas, c'est par son exemple personnel que le MSP contribue à accréditer que le rétablissement est possible. Dans le second, c'est par les discussions avec le MSP que l'usager apprend qu'il ne doit pas espérer ou viser la guérison, mais le rétablissement, autrement dit qu'il ne sera pas guéri, mais pourra tout de même mener une vie correcte. L'idéologie semble vite assimilée et elle est expliquée au sociologue. On peut comprendre pourquoi les usagers auxquels elle est exposée s'en emparent. Pour l'espoir que cela implique bien sûr, mais aussi comme l'explique l'un d'eux : « Guérir, ça fait peur [...] parce que, si on est guéri, alors là, on n'a plus droit à l'erreur ». Si l'on est rétabli, et pas « guéri », on reste fragile et vulnérable, et l'on peut revendiquer cette vulnérabilité dans les interactions sociales.

B. Une conception positiviste de la personnalité

Les MSP contribuent à diffuser une représentation positiviste de la personnalité, de la maladie, de l'expérience. Seuls peuvent comprendre la maladie et l'état de malade ceux qui l'ont connue sous son étiquette diagnostique, les autres professionnels par leur formation ne peuvent que la « connaître ». Dans la même orientation, certains Groupes d'entendeurs de voix n'acceptent que des entendeurs de voix étiquetés tels et non des personnes censées être « normales » et donc n'avoir jamais entendu de voix. Affirmer qu'un être humain ne peut « comprendre » (par intuition, empathie...) ce qu'il n'a jamais vécu s'oppose à une conception de l'être humain où chacun peut avoir connu au cours de sa vie les mouvements dépressifs, les crises anxieuses, les dérapages, les organisations névrotiques et les noyaux psychotiques, et où toutes les potentialités de la souffrance, de la crise ou du blocage psychiques font partie de la vie psychique de chacun d'entre nous, ce qui, moyennant des formations qui aiguisent la sensibilité au psychisme d'autrui, rendent possibles la compréhension et pas seulement la connaissance. Dans la conception positiviste, l'expérience ne peut que renvoyer à des faits réels et avérés. Elle est ineffable et incommunicable hors la situation précise dans laquelle une même expérience (correspondant aux mêmes classifications, nosographiques ou sociales) peut se partager en miroir. Un effet paradoxal est que les MSP, pour soutenir cette conception sont obligés de faire bouger leurs diagnostics annoncés : soit de les aggraver, soit de les rigidifier, soit encore de les réviser suivant les circonstances.

C. Une autorisation à la critique des autres professionnels et du système de soin

Du fait de leurs rencontres avec les MSP, les usagers s'autorisent à formuler certaines critiques vis à vis d'autres professionnels ou vis à vis du système de soins. Ces critiques sont souvent nuancées et font des exceptions pour des personnes particulières, n'aboutissant jamais à un réel dénigrement du groupe professionnel dans son ensemble. Les psychiatres (sauf exception donc) apparaissent plutôt lointains, non souriants, pressés et surtout soucieux de prescriptions médicamenteuses. Les infirmiers apparaissent pressés, peu disponibles, tenant des discours normatifs abstraits, écoutant peu l'usager. En revanche, en cas d'exception et de bonne relation avec un psychiatre ou un infirmier, l'utilité différentielle du MSP apparaît beaucoup plus faible (de même si les relations d'entraide entre usagers sont déjà bien développées).

Globalement les entretiens dénoncent la faiblesse de l'offre psychothérapeutique et disent que les usagers trouvent difficilement des espace-temps pour verbaliser leur passé alors qu'il en ressentent le besoin, les soignants ne s'intéressant qu'au présent ou au futur, alors que le MSP en revanche, plus disponible, écoute *aussi* la parole sur le passé et accepte d'en discuter.

D. La diffusion d'une philosophie de la patience et du petit pas

Sauf exception, la philosophie de vie diffusée est celle de savoir progresser à petits pas. Cela implique de ne pas être trop pressé de « guérir », de se fixer des objectifs de progression réalistes et accessibles et de savoir prendre son mal en patience. La difficulté pour les médiateurs est d'arriver à conjuguer la diffusion de cette philosophie du soin avec celle de l'espoir suscité par la perspective du rétablissement. Il s'agit de donner espoir et de pouvoir le maintenir et le ménager pour atteindre un objectif de rétablissement fixé à plusieurs années.

IV. Les effets thérapeutiques vus par les usagers

On emploiera ici « thérapeutique » au sens large comme expliqué plus haut.

A. Effets communs à tous les MSP

Le bienfait thérapeutique apporté repose sur deux mécanismes :

1) Un certain plaisir affectif dû à une relation confiante et proche, d'une camaraderie, avec souvent une bonne humeur contagieuse et une écoute (dont l'efficacité thérapeutique est inégale, mais qui est toujours présente et précieuse). Sous cet angle ci, le processus thérapeutique est l'écoute, plutôt que l'expérience de la maladie.

2) La rencontre d'un modèle qui donne espoir, autrement dit en termes plus techniques, le MSP fonctionne comme un support d'identification positive : c'est quelqu'un qui s'en est sorti et, surtout, pour les usagers soucieux de cette question, qui a retrouvé du travail,

B. Des modalités différentes selon les MSP

On peut repérer plusieurs modalités pratiques de mise en œuvre de ces deux mécanismes thérapeutiques centraux :

a) « sortir de chez moi », aller chercher un peu de bonheur dans des activités, aller vers l'extérieur

b) « réapprendre à s'exprimer », à entrer en relation

c) « Me fixer des petits objectifs » pour avancer pas à pas, pour progresser

d) « Prendre soin de moi » : soigner son corps par l'activité corporelle et la diététique

e) Suivre de petites méthodes qui aident à gérer le quotidien et à soutenir le moral.

V. Les impasses ou les limites des rencontres

A. Être seulement une personne de compagnie

La relation est agréable, fait passer le temps, mais n'apporte rien de thérapeutique.

B. « Les malades ne peuvent pas aider »

Pour certains usagers, seuls les soignants appartenant aux professions soignantes déjà reconnues et établies sont qualifiés, compétents et légitimes pour leur venir en aide. Pour ces personnes, le fait qu'ils aient eux-mêmes été usagers de la psychiatrie disqualifie les MSP comme personne ressource ou pouvant les aider à s'en sortir.

C. Des intérêts inégaux suivant les patients

C'est le cas quand des catégories diagnostiques inspirent au MSP l'appréhension ou un sentiment d'impuissance (cette appréhension n'est propre à aucune catégorie en particulier). Des différences sociodémographiques, des manques d'affinité, des tensions intersubjectives peuvent aussi gêner ou empêcher la relation

D. Des risques de normalisation.

Le MSP peut devenir un agent du pouvoir médical (un assistant d'infirmier qui en mimerait les pratiques et les discours) et de la « compliance » thérapeutique plutôt qu'un agent de changement.

Conclusion : rétablissement et apport

spécifique des MSP

Nous pouvons à partir de nos données dégager une certaine tendance quant aux situations dans lesquels les usagers parlent pour eux-mêmes d'un certain rétablissement et l'attribuent (en général de manière non exclusive, mais cependant spécifique) au MSP. Il s'agit des cas où le MSP voit régulièrement (par exemple une fois par semaine) en face à face le patient, assez longuement (au moins une heure), que ce soit dans le cadre d'entretiens en VAD, au CMP, ou à la rigueur de démarches ou d'activités en ville. Il faut donc que le MSP suscite et soutienne un certain « transfert » permettant que les rencontres deviennent un levier de changement. Chez le MSP, c'est le savoir expérientiel du rétablissement (plutôt que celui de la maladie) qui est alors opérant[56]. Mais toutes les situations et toutes les personnalités ne sont pas à même de soutenir une telle démarche. Cela n'interdit pas qu'il puisse y avoir d'autres processus de rétablissement dus spécifiquement à la présence du MSP, mais, dans ce cas, les patients n'en sont pas conscients et/ou ne nous en ont pas parlé.

---

[56] Le savoir expérientiel de la maladie a des usages surtout rhétoriques, il sert à créer le lien, à installer la confiance et l'identification en miroir, il fait appel à l'imaginaire. Le savoir expérientiel du métier de patient (comment négocier avec les soignants) et du rétablissement sont de nature plus pratiques et sont plus opérants.

TROISIEME PARTIE
PRECONISATIONS

Suggestions pour l'avenir

Nos suggestions sont basées sur les études socio-anthropologiques qui précèdent, et qui nous permettent d'avancer un certain nombre d'affirmations fondées, ou designer des questions que les acteurs sociaux devront d'une manière ou d'une autre traiter ou de formuler des pistes de réflexion.

L'observation du programme expérimental 2012-2014 a montré la faisabilité de l'intégration de pairs aidants professionnels dans les équipes de soin des services psychiatriques, sous réserve d'un certain nombre de précautions sur lesquels nous reviendrons, faisabilité qui n'était pas *a priori* évidente. Un autre objectif du programme est atteint : provoquer une nouvelle réflexion et un nouveau débat dans les équipes, sur la maladie, sur les pratiques de soins, sur le vécu des patients par rapport au soin, sur le rétablissement. De fait les équipes où il y a des MSP ont vu les interrogations autour de ces thèmes fortement stimulées[57]. Un troisième objectif est atteint, au

---

[57] Parallellement, la parole des usagers que nous avons pu recueillir manifeste, au delà de la confiance dans

moins partiellement : montrer qu'une certaine qualité des relations MSP/Usagers est possible. Sous réserve de certains biais, dans la plupart des cas, la présence des MSP semble bien appréciée par les patients qu'ils ont rencontrés L'aide au rétablissement de ces derniers est plus difficilement observable.

On peut aboutir, à partir de ces trois constats, à l'idée qu'il vaut la peine, ne serait-ce que sur la base des quelques réussites peu contestables (en tout cas non contestées) et de l'absence de dysfonctionnements majeurs dans la relation MSP/usagers, poursuivre l'expérience d'emploi de MSP à l'intérieur des services. Tenons donc pour acquis que le développement d'une pair aidance professionnelle à l'intérieur des services de « médiateurs de santé pairs » premièrement est possible, deuxièmement est une innovation intéressante pour les équipes dont elle déplace ou enrichit les représentations, pour les usagers des services auxquels elle apporte une aide effective sur une série de points notamment l'espoir de

---

leurs soignants, leur devouement et leurs compétences, un ensemble de critiques de l'institution psychiatrique: faiblesse de l'écoute de la parole, faiblesse de la disponibilité des personnels par rapport aux grands ou petits problèmes de la vie quotidienne des patients, pas assez d'accompagnement et de soutien vers la vie normale. Nous ne nous interrogerons pas dans ce rapport sur le validité de ces remarques, ni sur leurs éventuelles causes, car ce n'est pas l'objet du présent travail.

rétablissement, et enfin pour les pratiques de soins qu'elle « humanise »[58]. Situons-nous donc dans la perspective d'une reprise d'un programme de formation et d'emploi de MSP dans des régions françaises et voyons les modalités possibles et nécessaires pour un prolongement du programme.

La manière dont s'est passée la phase expérimentale montre qu'il ne semble pas souhaitable de passer maintenant à une généralisation[59] qui serait contre-productive (même si le principe de la pair aidance bénévole ou professionnelle pourrait être inscrit explicitement dans la politique de santé mentale), car cette innovation ambitieuse, en rupture avec l'existant, a spontanément donné lieu à de nombreuses controverses et continuera à le faire.

La reprise du programme devrait avoir un caractère volontaire du côté des services d'une part et expérimental d'autre part (formellement ou informellement), car les solutions que l'on entrevoit par rapport à certains dysfonctionnements passés et actuels de la phase 2012-2014 sont encore à affiner, de nouveaux

---

[58] Selon le terme employé par les MSP. Ce qui ne signifie pas que, avant eux, les pratiques de soin fussent "inhumaines", de même que, quand des membres d'équipes disent que les MSP "apportent de la vie", cela ne veut pas dire que, avant eux, le lieu était mort.

[59] Comme on est passé à une « généralisation » des IUFM après la phase expérimentale autour de trois sites.

outils à construire et à valider. S'il est tolérable qu'il y ait, dans une expérimentation originale de deux ans, la moitié seulement des MSP encore en poste à la fin du programme (avec des changements de sites encore prévisibles), cette proportion n'est pas souhaitable en régime de croisière ordinaire, elle est révélatrice de dysfonctionnements trop nombreux et non maîtrisés. Il faudra encore, sur quelques années, quelques tâtonnements et quelques processus d'innovation locale pour parvenir à une stabilisation des modèles de formation, d'embauche et d'emploi. Il parait donc logique que la reprise éventuelle du programme se fasse comme innovation[60], toujours au volontariat, dans deux ou trois nouvelles ARS, et redonne lieu à une évaluation externe.

I. Quel cadre général pour la lutte contre la stigmatisation des malades ?

Au delà de ce qui concerne strictement le programme, même si l'embauche des MSP dans les services parait avoir une certaine faisabilité, cela n'exclut pas la réflexion sur d'autres modalités d'emploi des MSP : emplois de médiateurs, de formateurs ou d'animateurs, dans le médico-social, dans les collectivités territoriales, dans des

---

[60] Le mot dissémination ne nous parait pas adéquat, car il sous entend une diséemination à l'identique, alors que plusieurs points du programme doivent être changés et testés.

associations partenaires de la psychiatrie ou intervenant dans ce champ[61]. Le développement de ces emplois contribuerait à la lutte contre la stigmatisation des malades mentaux et à la construction de divers savoirs profanes ou professionnels où leur expérience spécifique pourrait être valorisée. Mais il reste, par ailleurs, plus largement souhaitable, dans l'optique de la réinsertion et dans celle de la dé-stigmatisation, que des actions soient menées pour que les ex-usagers ou les usagers stabilisés accèdent aussi à des emplois sans rapport avec le monde de la santé mentale et soient aidés à le faire. Il est souhaitable que la pair aidance professionnelle ne soit pas un arbre qui cache la forêt du chômage des patients et ex-patients de la psychiatrie. Et en conséquence il serait souhaitable que tout particulièrement les MSP travaillent cet objectif de retour à l'emploi des usagers de la psychiatrie.

Des questions se posent encore auxquelles la présente évaluation, sur deux ans, ne peut répondre. Dans une évaluation *à long terme* du programme, il faudra observer combien de MSP :

- choisissent de rester MSP

- le font en gardant une vraie fonction de MSP (Un

---

[61] La question de l'emploi dans les GEM (groupes d'entraide mutuelel) est délicate. Logique si le MSP reste un militant et un expert des savoirs profanes du rétablissement, il serait malvenu si le MSP devient un agent de la compliance thérapeutique.

émoussement du « savoir expérientiel » original des MSP n'est-il pas pensable au fil des années ? Une perte d'originalité relationnelle au contact de la culture professionnelle sanitaire est elle probable ? Un essoufflement[62] des projets n'est-il pas pensable du côté du MSP ? Le côté subversif pour les équipes de l'arrivée d'un MSP risque-t-il ou non de s'édulcorer pour devenir ensuite une routine, un discours de convenance ?

- sortent de la situation de CDD et obtiennent une titularisation : 2 médiateurs à ce jour sont passés en CDI,

- voient évoluer leur salaire ;

- voient évoluer leur carrière en lien avec les mondes de la psychiatrie ou de la santé

- voient évoluer celle-ci à l'extérieur des mondes de la santé ou de la psychiatrie.

Il faudra aussi *à moyen terme* observer si la présence des MSP facilite effectivement l'insertion professionnelle des usagers des services de santé mentale (l'une de leurs missions d'accompagnement, à l'origine du programme, rendue difficile par la conjoncture économique).

II. Quelle formation initiale pour les MSP ?

---

[62] Le mot d' « essoufflement » nous est suggéré par un cadre de santé (favorable au programme) qui en fait le constat.

Nous avions fait dès le rapport n° 1 (avril 2013) des préconisations concernant la formation universitaire des MSP de service psychiatrique, le recrutement des MSP et des sites. Nous n'en retranchons rien. Concernant la formation, nous recommandons :

-        plus de participation aux enseignements pour les équipes d'accueil

-        plus d'interactions horizontales entre MSP durant l'animation des séances

-        plus de temps pour la préparation et l'écriture du mémoire et un élargissement des modalités d'évaluation

-        plus de temps d'enseignement consacré à la connaissance de l'institution hospitalière de manière concrète et l'ajout d'un module consacré aux addictions,

-        plus de suivi des MSP pendant les stages par des formateurs.

De plus la formation universitaire initiale devrait montrer aux MSP la nécessité et l'intérêt de la construction collective de savoirs autour de situations cliniques, peut être en intégrant cette pratique dans l'évaluation. Enfin, nous préconisons le fait que les MSP fassent plusieurs stages dans des endroits différents, au moins trois, comme cela se fait dans la plupart des formations professionnelles supérieures,

- d'une part pour que les stagiaires connaissent des fonctionnements organisationnels et cliniques différents, ce qui signifie : mieux connaître l'institution psychiatrique dans ses régularités d'une part, sa diversité d'autre part, mieux repérer l'adéquation possible entre leurs goûts et compétences personnelles et les particularités des lieux de travail ;

- d'autre part, faire en sorte que le savoir d'expérience accumulé par la quinzaine de MSP qui vont rester en poste puisse être transmis, pas seulement sous forme d'exposés lors des regroupements de formation, mais surtout pendant un compagnonnage lors d'un des stages.

Cela signifie probablement un allongement de la formation. Par ailleurs, le dessin d'une future formation universitaire est dépendant de la réponse à deux questions :

- Formera t-elle des MSP uniquement pour les services psychiatriques ou aussi pour d'autres lieux ?

- Y aura t-il connexion entre l'embauche et la formation, ou bien passera t-on à un format de formation professionnalisée universitaire plus classique : une formation en alternance avec des stages rémunérés sur CDD, et ensuite une embauche, qui peut se faire - ou non - dans un des lieux de stage, ou dans un autre lieu ?

Quant à ces deux points, notre avis est le suivant. La pré-embauche par l'un des lieux de stage est intéressante, car d'une part les pairs aidants professionnels sont, au moins au démarrage de la formation, un personnel psychologiquement fragile que l'absence de pré-embauche angoisserait voire démotiverait, d'autre part ils ne disposent en général pas de ressources financières accumulées pour faire des études, enfin leur insertion dans les services ne va pas de soi. Le principe de la pré embauche permet également de faire un tri parmi les candidatures et parait donc utile pour éviter un taux élevé de déperdition rapide.

En revanche, on pourrait envisager que la réembauche puisse se faire dans un autre lieu de stage que celui de la pré-embauche, en fonction des affinités du candidat, des souhaits des équipes des services, de ce qui se passe pendant les stages. On pourrait aussi imaginer qu'elle ne soit pas exclusivement réalisée dans des services hospitaliers, mais aussi dans des associations du médico-social, GEM, collectivités territoriales...

Il est absolument nécessaire que les stages soient diversifiés et fassent découvrir au futur MSP d'autres formes de travail que dans son lieu de pré-embauche.

III. Quel cadrage institutionnel de la pratique ?

Le cadrage institutionnel de l'innovation comprend :

- le choix du mode de pilotage de l'innovation
- le degré de normativité des consignes et la

question de leur standardisation, c'est à dire de la diffusion ou non d'un modèle homogène,

• le caractère lâche ou serré du suivi de ce qui se passe dans les services.

Pour simplifier : un mode de pilotage et un ensemble de consignes.

Une première question est de savoir qui assurera ce cadrage dans la phase d'extension d'innovation : une direction ministérielle, les ARS, le CCOMS, une commission indépendante ad-hoc ? La seconde : selon quel *modus operandi* ?

Le passé. Le programme, inter-régional, a de fait fonctionné comme un programme expérimental national, avec à la fois un aspect contraignant pour quelques équipes pas vraiment volontaires où dont les coutumes étaient différentes de ce que présupposait le programme (sur les accès aux dossiers des patients, sur la prescription médicale des interventions des MSP, sur la question des entretiens individuels ou en binôme avec les patients....), Et, à cause d'aléas extérieurs[63], de la connexion formation-embauche et du passage de statut de stagiaire à celui de salarié, il a fonctionné sans continuité administrative. Enfin, sans cadrage initial de la fonction, puisqu'elle était effectivement à inventer.

Le CCOMS, a mis en place des méthodes de cadrage de la pratique des MSP qui ont relevé en partie de décisions initiales et en partie - il insiste là dessus-, d'adaptations successives aux obstacles, aux événements et aux partenariats. De fait, en terme de méthode, de manière volontaire ou contrainte, il a

---

[63] Le CCOMS a du adapter ses consignes aux interventions syndicales hostiles.

mis en œuvre :

- un projet piloté centralement (par lui-même)

- avec des consignes de départ vagues,

- avec des interventions normatives standardisantes en cours de route (affirmation du droit des MSP à accéder au dossier médical du patient intervention du MSP sur prescription médicale),

- et un suivi peu serré, sauf à partir de 2013, suite à nos préconisations du rapport intermédiaire n1, où un suivi téléphonique, puis les réunions de travail sur le savoir expérientiel (avec trois cliniciens choisis par le CCOMS (P. Desmons, S Kannas, J. Naudin). Le développement de l'enquête quantitative et la mise en place de formations à l'éducation thérapeutique ont aussi entraîné une multiplication des contacts des MSP avec des chargés de mission CCOMS .

Par rapport au passé, rétrospectivement on peut se dire que la logique de pilotage, d'invention de la fonction et de tâtonnement sur les règles, aurait initialement été mieux servie par le lancement de quelques innovations locales que par une « expérimentation nationale ».

Les suggestions que nous pouvons faire sur le cadrage futur, quel qu'en soit le responsable institutionnel, sont motivées par l'analyse des dysfonctionnements de la méthode passée. Mais elles en sont en même temps en partie indépendantes parce que la situation de reprise sera différente de la situation expérimentale qui partait de zéro.

1. *Les consignes*

La question du cadrage de la pratique des MSP a

été soulevée par plusieurs équipes de secteur. Elles conseillent que la promotion suivante de MSP débute dans les services avec une fiche de fonction claire (que cette fiche soit rédigée par le ministère, les ARS ou par le CCOMS, listant tout ce qui est possible en terme d'activités du MSP, et donnant des consignes claires *dès le début* concernant son statut, ses droits et ses devoirs d'une part comme stagiaire, d'autre part comme salarié, les critères d'évaluation des stages, et l'organisation de l'éventuelle transition[64]. Ces consignes pourraient être régionales ou nationales (même en passant dans plusieurs ARS). Même énoncées nationalement, elles pourraient ne pas rechercher un effet de standardisation. Quant à leur contenu, il faudrait en effet s'interroger sur la tentation bureaucratique de réduire la diversité des activités possibles des MSP dans la présentation de leur fonction, de les catégoriser ou de les lister. Quelques grands axes avaient été prévus au départ dans les premiers brouillons de fiche de fonction. Les activités réelles observables sont d'une part nettement plus riches et diversifiées, d'autre part pondérées différemment selon les caractéristiques organisationnelles des sites et selon les

---

[64] Plusieurs infirmiers décrivent la transition qu'ont connu les MSP entre les statuts de stagiaire et celle d'employé comme hachée, peu lisible, peu personnalisable et l'opposent à celle de l'élève infirmier, claire, progressive et plus personnalisée (ce qui n'empêche pas un certain nombre de démissions, remarquons le).

personnalités et l'inventivité des MSP, aboutissant plutôt à *plusieurs* profils de fonction : MSP de travail en ville, le MSP socio-éducatif, le MSP de rue etc…. Là aussi ce sont la demande des sites et les souhaits personnels des MSP qui devraient primer sur une normativité homogénéisante, si l'on veut poursuivre le processus délicat d'ajustement des pairs-experts et des services.

Les consignes pourraient, comme dans la phase expérimentale, demander que la circulation d'information équipe/MSP (accès au dossier, écriture dans le dossier, participation aux réunions, mode d'accès aux patients sur prescription médicale ou autrement, etc.), soient les mêmes que ceux des autres personnels permanents non soignants du service. Il apparaît que la tentative de standardisation et d'homogénéisation est peu opérante et créatrice de tensions. En effet les règles ordinaires sont différentes d'un service à l'autre. Si dans tel service les non-soignants (éducateurs spécialisés, intervenants artistiques à plein temps) ont accès au dossier du patient, y écrivent leurs observations, et participent à toutes les réunions, ce n'est pas le cas dans d'autres services. Or on ne voit pas de quel droit le MSP outrepasserait les règles coutumières des équipes. A moins que le ministère ne veuille, au passage, imposer aux équipes une uniformisation de leurs pratiques, autrement dit une réforme du fonctionnement des services, ce qui n'est pas annoncé comme objectif de l'innovation MSP.

Sur le fond, on pourrait aussi s'interroger sur des consignes comme celle de l'intervention du MSP seulement sur indication médicale. Outre qu'on peut s'interroger sur sa forme (standardisée, applicable par tous, cf. supra, et, du coup, interprétée par certains services de manière strictement administrative comme prescription médicale formalisée), on peut se demander s'il ne serait pas préférable, du point de vue des droits des usagers et du respect de leurs initiatives, d'envisager quatre modèles possibles d'intervention du MSP, bien sûr sous responsabilité médicale :

-	sur indication médicale,

-	sur recommandation infirmière

-	à la demande de l'usager

-	suite à des contacts informels.

et de les laisser coexister.

2. *Le pilotage*

Par rapport à l'avenir, la question se repose. La reprise devra trancher : soit il peut s'agir d'une logique nationale d'« extension d'innovation » (dans des ARS volontaires) et il faudra dès le début cadrer fermement le projet pour que les membres des équipes ne vivent pas le travail d'invention qui reste encore à faire comme un travail « supplémentaire » exigeant l'engagement de leurs propres compétences, de leur responsabilité et de leur disponibilité (cadrage ferme, on le répète, n'étant pas l'équivalent de cadrage standardisé) ; soit « l'extension d'innovation » pourrait fonctionner de manière dispersée sans consignes nationales, avec une logique d'innovations locales dans laquelle des équipes locales vraiment engagées à la base seraient partantes pour inventer des manières de travailler avec un MSP, éventuellement avec des options différentes, qui peuvent être, parallèlement ou ultérieurement, comparées partagées, évaluées, diffusées. Dans ce dernier cas l'évaluation externe devrait être une évaluation comparative sur les solutions inventées[65].

Dans ces deux options pour la reprise entre lesquelles nous ne trancherons pas, une meilleure préparation et intégration des équipes d'accueil est nécessaire et un travail plus précis pour le recrutement des sites (cf. infra) pour vérifier qu'il y a un accord qui mobilise à la fois la hiérarchie administrative, l'encadrement (médecin et cadres), et une majorité significative des professionnels de base, conditions qui n'ont pas été vraiment réunies dans la phase expérimentale.

3. *La famille de métiers*

Quant au contenu normatif diffusé par les consignes, plusieurs questions se posent, quel que

---

[65] Plusieurs partenaires pourraient être associés au pilotage comme les Conseils Locaux de Santé Mentale.

soit le degré de normativité envisagé. Il faudrait avancer sur la question de la définition de l'appartenance des MSP à une famille de métiers.

> *Une précision.* Sans doute, dans d'autres pays (on pense à l'Italie) la question de savoir si c'est un soignant ou un travailleur social ne se poserait peut-être pas. Dans les pays anglo-saxons, il se trouverait rattaché, avec beaucoup d'autres, à la grande famille des travailleurs du *care*. Sociologiquement, c'est un « métier de la relation » (Demailly 2008). Dans l'espace culturel et administratif français, la question se pose. Le contenu des tâches est souvent proche entre l'aide-soignant et l'aide médico-psychologique, mais l'aide-soignant était classé dans les fiches ROME comme un métier du soin et l'aide médico-psychologique comme un métier du travail social.
>
> Dans le répertoire ROME actuel la catégorie santé, personnels du soin (J) est séparée de la catégorie K « service à la personne et à la collectivité », laquelle comprend plusieurs sous catégories 11- Accompagnement de la personne (accompagnement et médiation familiale, psychologie) 12-Action sociale (Médiation sociale, information sociale, intervention socioculturelle...) 13- aide à la vie quotidienne.

Si, pour le CCOMS et pour un certain nombre d'équipes de l'expérimentation, le MSP est un « soignant », dans d'autres, il est considéré comme un « non soignant » et on le voit comme un « animateur socioculturel » ou un moniteur-éducateur. On observe une évolution de plus en plus claire (cf. rapport intermédiaire n° 1, chapitre sur la professionnalisation) pour dire que le MSP n'est pas un soignant, même s'il peut être un « professionnel de la santé mentale », et même si son rôle est thérapeutique.

> *Une précision*. Reconnaître le fait que les MSP ne seraient pas des soignants (soignants pris au sens de personnels sanitaires), ne serait pas, à notre avis, nier le rôle thérapeutique du MSP. Affirmer que le MSP est un soignant pour en préserver le rôle thérapeutique, revient à identifier thérapeutique et soin, thérapeutique et sanitaire, thérapeutique et « activités thérapeutiques » au sens administratif du terme, ce avec quoi nous ne sommes pas d'accord. Une pratique artistique peut être thérapeutique, au sens où elle fait guérir - et elle sert à cela-, mais n'est pas du soin. Ni le psychologue ni le peintre ne sont des personnels sanitaires ni des paramédicaux. Le patient peut aussi avoir des capacités auto-thérapeutiques. Bref le registre du thérapeutique[66] excède le sanitaire. La question serait sans doute à creuser sociologiquement et philosophiquement (cf le débat philosophique sur le *care*).

On pourrait aussi se dire que, dans un positionnement politique où l'on veut prendre en compte le fait que le trouble psychique est parfois, de façon prédominante, d'origine sociale (chômage, harcèlement au travail, manque de logement, solitude), il n'est pas très logique d'ajouter autour des patients un nouveau personnel « soignant » sous responsabilité médicale et infirmière.

Il resterait de toutes façon, en cas d'emploi hospitalier, à modifier le titre de l'emploi support, « adjoint administratif » étant vraiment peu approprié. En l'absence de création d'un nouveau

---

[66] Lise Demailly, 2008, *Politiques de la relation*, Presses du Septentrion.

métier et d'un diplôme d'État, l'affectation, sur des postes d'« auxiliaire de vie sociale » ou « aide médico-psychologique » ou « animateur socioculturel », avec la mention de « pair aidant » paraîtrait plus légitimante symboliquement.

IV. Quel recrutement des sites hospitaliers ?

Le recrutement des sites ne peut, en régime de croisière, fonctionner comme lors de la phase expérimentale. Trop d'équipes de base n'ont pas été consultées ni préparées. Même si le CCOMS estime avoir fait un travail d'information systématique, les modalités de circulation de l'information et de la décision au sein des équipes aboutissent globalement à une sous-préparation des terrains d'accueil et à une non vérification de leur accord réel.

Une procédure de candidature devrait donc être inventée pour vérifier, au delà de l'accord de la direction de l'hôpital, celle des psychiatres du service, et au delà de celui des médecins, celui de l'équipe infirmière (un MSP, par exemple, suggère des signatures collectives du dossier de candidatures des sites).

Par ailleurs, les équipes proposant des stages devraient être plus et mieux associées au processus de formation : participation à de séances de formation ; réunions voire formation des tuteurs de stage. Elles devraient être averties explicitement que l'intégration d'un pair aidant professionnel leur demandera un certain travail.

Les lieux de stage ou d'embauche devraient par la suite pouvoir se faire une idée de ce qu'ils peuvent attendre concrètement d'un MSP et de ce qu'ils voudraient lui proposer, même s'il est important de laisser une certaine marge de manœuvre autonome aux MSP (s'ils sont trop cadrés, ils sont moins efficaces pour les usagers). Ils pourraient mettre cela en forme sous la forme d'une offre de stage ou d'emploi, d'une fiche de poste provisoire appelant les candidatures (laquelle pourrait bien sur être modulée ultérieurement comme pour n'importe que recrutement). Cette fiche qui indiquerait aussi la quotité de travail souhaitée permettrait aux candidats MSP de postuler au stage et/ou à l'embauche en connaissance de cause.[67]

Les équipes de site candidates devraient se

---

[67] D'autres critères pourraient être ajoutés, suggère u chargé d'étude du CCOMS pour vérifier la capacité à travailler avec des partenaires et des usagers comme la participation de l'établissement à un conseil local de santé ou à des actions dans le cadre des semaines d'information sur la santé mentale . Cela nous paraît assez restrictif (seulement 103 CLSM opérationnels), et ne paraît pas garentir l'implication concrète des soignants de la base. Autrement dit cela paraît plus idéologique que pragmatique, de même que l'idée de sélectionner des établissements "orientés rétablissement", dont l'opérationnalisaton nous paraît, d'une part douteuse vu le flou dela notion, d'autre part très normative.

préparer à l'accueil d'un MSP en consultant la documentation existante, en participant à la formation et en rédigeant des pré-fiche indicatives de poste.

V. Quel recrutement des MSP ?

La question du recrutement des futurs MSP est importante, vu le taux important de cessation de fonction lors du programme expérimental et vu l'existence de recrutements qui sont désignés de manière assez consensuelle (chez des membres d'équipes, de MSP eux mêmes, voire de chargés de mission du CCOMS), comme des « erreurs ».

Dans l'expérimentation. Sans doute le CCOMS a t-il refusé de soumettre les candidats à une investigation psychologique approfondie, pour ne pas les stigmatiser : il voulait des travailleurs comme les autres dont l'autorisation de travailler relève de la médecine du travail.

Sans doute comptait-il aussi sur les services qui ont auditionné les candidats pour qu'ils fassent l'évaluation de la capacité des candidats à s'engager dans une vie professionnelle et l'adéquation de leur personnalité au poste de travail envisagé. Mais – malentendu - plusieurs services comptaient que cela (et notamment l'évaluation psychiatrique de la qualité du rétablissement) avait été déjà fait par le CCOMS. De plus plusieurs cadres ou chefs de service se plaignent de ne s'être pas vu attribuer le candidat qu'ils avaient classé en premier (et le nombre global de candidats était faible)

Le choix initial du CCOMS quant à la procédure de recrutement idéalise les compétences en santé mentale des médecins du travail, voire l'examen psychiatrique que quelques médecins du travail ont réclamée (plusieurs MSP et plusieurs usagers nous ont rappelé à plusieurs occasions qu'il est facile de cacher une addiction ou un symptôme à un psychiatre et au moins un examen a posé problème, pour un MSP aujourd'hui parfaitement intégré).

La croyance initiale en la validité de la procédure suivie a amené à considérer que les candidats retenus allaient être comme les autres travailleurs, autrement dit avec un passé ou un présent de trouble somatique ou psychique, soit guéri (au sens ordinaire du terme) , soit « stabilisés » (au sens médical du terme) , et adaptés au lieu qui les avait recrutés. Cela a amené le CCOMS, dans sa volonté de non stigmatisation, à sous-estimer les problèmes dus aux erreurs de recrutement et/ou aux erreurs d'appariement (entre un MSP et un site) et a empêché d'y réagir promptement.

Il faut donc inventer d'autres manières de recruter, qui ne passent pas par la confiance en la médecine du travail et/ou l'examen psychiatrique.

A ce titre, Vincent Girard[68] a embauché des « médiateurs » après quelques mois de bénévolat. Ces mois de bénévolat provisoire ont permis de vérifier le degré de rétablissement (est ce qu'il ne manque plus que l'insertion professionnelle pour parachever le rétablissement ?), la compatibilité d'humeur avec l'équipe et de formuler le projet d'insertion. Cela permet aussi au pair-aidant de vérifier que l'équipe et le psychiatre lui

---

[68] Médecin psychiatre, responsable d'un des sites participant au programme

conviennent[69]. La Fnapsy propose, de façon un peu semblable quant au bénévolat, quoique différente dans l'intention, de recruter parmi les militants associatifs. La voie du bénévolat préalable est aussi celle qui est explorée de fait par les patients–experts de l'éducation thérapeutique en médecine somatique[70]. Une autre méthode, proposée par un psychiatre et un cadre supérieur de santé de deux sites différents engagés dans l'expérimentation, serait de recruter des ex-patients du service en s'inspirant de l'actuelle méthode hollandaise.

Ces deux méthodes de recrutement des MSP sont critiquées par le CCOMS, au nom du risque de paternalisme et de confusion de position pour leur place et statut. Reste cependant bien à en inventer une, plus efficace que celle qui a été mise en œuvre dans la première expérimentation. Peut-être des mises en situation pédagogiques impliquant des

---

[69] Cf. « C'est ce qui m'a décidé à accepter de participer, comme bénévole pour commencer. J'ai aussi beaucoup discuté de psychiatrie avec ce psychiatre et il m'a semblé qu'il était assez humain pour que je travaille avec lui. » dit le médiateur Hermann Handlhuber dans *Pluriels* n°85/86 Novembre-Décembre 2010. "Quelques éléments sur le recrutement et la professionnalisation des travailleurs pairs/médiateurs en santé mentale sur le site pilote du programme Housing First (Marseille)". Vincent Girard, Sylvain Perrot, Sandrine Musso, Hermann Handlhuber, Claude Lefevbre, Noura Payan

[70] D'après les interventions des intervenants en éducation thérapeutique lors de la Journée d'étude sur le patient expert en éducation thérapeutique, Université de Lille 1, Juin 2014

activités de communication ou de travail collectif lors du recrutement permettraient-elles, au minimum, d'éviter de recruter des personnes ne disposant pas des compétences relationnelles et communicationnelles requises. Peut-être un examen plus approfondi des CV permettrait de discerner la présence ou non de capacités préalables à s'intégrer sans passivité, à former des projets en les négociant avec l'environnement. Mais la question de la qualité suffisante du rétablissement, et de la manière de l'évaluer, reste entière.

VI. Quelles formations continues et supervisions ?

Dernière question qui peut être actuellement abordée : la nécessité d'une supervision et/ou d'une formation continue. Ce point a déjà été soulevé dans le rapport intermédiaire n1. Il avait donné lieu à une modification de la pratique du CCOMS qui avait décidé un suivi téléphonique hebdomadaire et des supervisions collectives une fois par trimestre. Il a donné lieu ensuite à l'organisation de trois réunions pilotées par des cliniciens[71], puis d'opérations de formation continue pilotées directement par le CCOMS ou organisées par lui sur l'« éducation thérapeutique »

---

[71] réunions de travail que, curieusement , puisque c'es t nous qui les avions préconisées dans le rapport intermédiaire n1- nous n'avons pas eu le droit d'observer. C'est dommage.

Il reste que le travail collectif entre MSP sur leurs pratiques ne s'enclenche pas vraiment. Cela se voit dans les réunions de regroupement et les supervisions collectives ou les interventions des MSP se juxtaposent sans se répondre. Cela s'est vu également dans les binômes ou dans le trinôme de départ (dont un seul a tenu). Les relations entre MSP sont trop marquées par la rivalité, dans une situation pour eux anxiogène dans cette phase expérimentale, pour que puisse se développer des échanges de parole, de type construction collective de la pratique ou groupe Balint de résolution de problème.

D'autre part, dans de nombreux cas, sauf quand le MSP est obligé de travailler en binôme avec un infirmier, les personnels ne voient pas travailler le MSP. Et on arrive à cette situation paradoxale, où seuls les sociologues voient travailler les MSP. D'où cette question posée à une sociologue : « Pourquoi les infirmiers ou le psychiatre ne viennent pas me voir travailler comme vous êtes venu me voir, pour qu'on puisse ensuite discuter précisément de ma manière de faire ? » (discussion que ne peut pourtant pas assumer le sociologue).

La supervision ou les rendez-vous bilan ne sont pas non plus souvent assurés (ou rarement) au sein des équipes, au delà de la période de stage ou des interlocuteurs privilégiés avaient été désignés, avec une utilité inégale. Ensuite le temps a manqué : les infirmiers ne veulent plus jouer aux formateurs, le cadre n'a plus le temps... (« On s'était dit que je le recevais une fois par mois, je l'ai fait au début, mais après je n'ai plus eu le temps » (cadre supérieur) : le soutien est trop lourd. Une supervision externe est rarement proposée et des MSP sont à juste titre réticents à une supervision interne.

De ce fait, dans les sites, les discussions collectives sur la pratique des MSP que nous avons pu observer portent uniquement sur des dimensions institutionnelles ou fortement empreintes d'affectivité et d'imaginaire (qu'est-ce qui est dans le métier ou qu'est-ce qui n'y est pas), sur les réglementations à respecter (il doit se préserver, ne pas donner son numéro de portable), mais très peu, dans bon nombre de sites, sur des patients pris individuellement et ce que fait le MSP avec lui, alors que pourtant les MSP ont sans doute des choses encore à apprendre sur la manière pour eux d'entrer et de soutenir une relation avec les patients. Sans doute les réunions avec les cliniciens embauchés par le CCOMS sont elles plus productives, mais leurs compte rendus montrent plus le travail de synthèse du clinicien qu'une avancée du travail collectif des MSP.

La mise en place d'une supervision individuelle et collective régulière (mensuelle par exemple) et de formations continues réservées aux MSP (mais pas forcement pilotées par le CCOMS) devrait faire partie du contrat de travail. Ainsi que, sur la base de quelques exemples positifs, l'acceptation de l'organisation de psychothérapies de soutien dans un autre service quand le MSP le demande.

La construction collective de savoirs professionnels pourrait participer d'un travail de recherche-action utile, sur lequel les biographies des MSP nous fournissent des matériaux insuffisants : qu'est ce qui, dans l'aide médicale ou non médicale, dans le cadre et les événements de vie, permet d'aller mieux ? Quels sont les régimes contemporains efficaces de consolation et de soutien ?

VII. Suggestions aux financeurs potentiels d'opérations de recherche

Notre recherche a été l'occasion de constater le déficit des connaissances dans plusieurs domaines. Nous avons repéré une série de thèmes qui donneraient utilement lieu à financement de recherches.

1. Recherche évaluative

A- Soutenir une recherche évaluative externe sur l'éventuelle « extension d'innovation ». Il serait scientifiquement souhaitable que ce soit une autre équipe que le CLERSE qui en soit chargée, pour diversifier les points de vue.[72]

B- Soutenir à 5 ans une évaluation externe sur le devenir social et l'insertion professionnelle des actuels MSP et de l'éventuelle promotion suivante.

---

[72] La méthodologie pourrait être similaire, mais le travail autour des patients pourrait être plus développé

C- Soutenir une évaluation des effets de la pratique des MSP sur les usagers. Qualitative, avec un nombre important de cas, un traitement quantitatif des données qualitatives, le recours aux points de vue croisés des usagers, des MSP et des soignants sur le rétablissement d'un même usager.

2. *Recherche descriptive*

D- Soutenir une recherche sociologique qualitative et quantitative sur la diversité organisationnelle et clinique des secteurs, cette diversité étant bien plus forte que ce que laissent imaginer les études quantitatives existantes, car elle concerne les organisations concrètes de travail, la clinique de l'activité, les méthodes d'enregistrement et d'évaluation du travail, l'informatisation des données les représentations de la maladie et du soin.

E- Soutenir une recherche sociologique qualitative sur la pratique clinique des psychiatres (relation, prescriptions médicamenteuses, posture de soin), qui elle aussi, manifeste une grande diversité (laquelle excède les différences bien connues de philosophie clinique. Le même travail pourrait être fait sur d'autres professions de soin.

F- Répertorier et analyser les pratiques qui s'auto-déclarent « orientées rétablissement » et analyser ce que cela induit sur les cliniques et les professionnalités.

G- Mener une comparaison internationale sur le développement international de la pair-aidance en santé mentale , ses enjeux et ses effets.

(Le Clersé serait intéressé par ces différents projets de recherche, à l'exception du A).

VIII. Suggestions au groupe des MSP

Il parait utile que le groupe des pairs aidants professionnels s'organise sous forme associative. L'association professionnelle pourrait regrouper les MSP du programme expérimental, les médiateurs de *Housing first*, les médiateurs de MARSS, d'autres pairs aidants salariés. Il est utile que les pairs aidants professionnels. puissent promouvoir une conscience collective de leur groupe et débattre de leurs problèmes corporatifs, ce qui est une composante incontournable de tout processus de professionnalisation. Qu'ils puissent développer des lieux où ils parlent entre eux de leurs pratiques, de leurs difficultés, de leurs émotions. Il est cependant souhaitable que le groupe ne se replie pas sur lui même, qu'il noue des liens avec les associations d'usagers et qu'il invite ou embauche des professionnels d'origine diverse pour travailler périodiquement avec lui, sur des sujets dont il décide. Cela implique la recherche de quelques subsides pour leur association

Conclusion de la partie évaluation/ suggestions

Le Programme expérimental des médiateurs de santé pairs a été une initiative controversée, ambitieuse, en rupture institutionnelle avec l'existant, et qui a démontré sa faisabilité (sa capacité à fédérer des énergies institutionnelles et professionnelles), son aptitude à susciter dans les services psychiatriques des débats sur la maladie et le soin. Elle a fait avancer concrètement et pratiquement l'idée du développement des approches sociales dans un soin en principe biopsychosocial et a démontré concrètement le rôle de l'accès à l'emploi dans le rétablissement en santé mentale. Enfin c'est une innovation accompagnée d'un dispositif de recherche externe, une expérimentation réflexive, ce qu'on ne peut que saluer.

Divers points faibles ont concerné en revanche les modalités de mise en œuvre, rendant l'opération coûteuse, mouvementée et difficile. Il est souhaitable que de nouvelles modalités d'opérationnalisation du projet, pour lesquelles nous avons indiqué des pistes, soient testées, ce qui nous a incités à ne pas préconiser une généralisation, mais une continuation du processus de recherche action, une extension d'innovation en quelque sorte dans un cadre de volontariat et dans de nouveaux territoires.

Enfin différents points restent flous et se préciseront probablement en cours de processus : -

- le mode de professionnalisation des MSP et l'orientation de leur éthique et déontologie professionnelles,

- leur positionnement symbolique et pratique par rapport à l'institution psychiatrique.

Edition : BoD - Books on Demand
12/14 rond-point des Champs Elysées, 75008 Paris
Imprimé par Books on Demand GmbH, Norderstedt, Allemagne
ISBN : 9782322013005
Dépôt légal : Janvier 2015